御船印めぐりプロジェクト
公式ガイドブック

地球の歩き方

御船印でめぐる船旅

JN050358

地球の歩き方編集室

もくじ

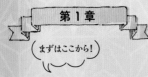

〔表紙画像〕
上：ふじさん駿河湾フェリー
右下：商船三井さんふらわあ
左下：岩部クルーズ

地球の歩き方
御船印でめぐる船旅

第4章

時間をかけて長距離をめぐる

とことん船旅

第5章

「船」からみる

景色や文化

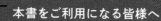

本書をご利用になる皆様へ

※本書のデータは2024年3月末時点のものです。各料金や営業時間等は変更される場合があります。特記がない限り、掲載料金は税込み表示です。
※新型コロナウイルス感染予防対策として、欠航・減便・一部施設の閉鎖や時間短縮される場合があります。
※乗船前のPCR検査が義務づけられている場合があります。
※ご予約・ご乗船前に必ず各船社や各自治体のウェブサイトやSNS等で最新情報をご確認ください。

このプランでは
御船印 ●社●枚

各モデルプランにある左記のマークは、そのプラン内での御船印参加社数と入手できる御船印の数を示しています。

あたたかな人に出会い、雄大な風景に心が躍る

御船印でめぐる船旅

目の前に広がる景色は紺碧の大海原。

時間はゆったりと流れ、水平線に沈む夕日、

頭上に輝く天の川、そしてすがすがしい朝の海……。

それが客船でも、遊覧船でも、離島間の連絡船でも

たった数分間のクルーズでさえ、水上から眺める景色は非日常の世界です。

船が陸地から離れるとき、だんだんと港に近づくとき

誰もがワクワクとした高揚感に包まれることでしょう。

船旅は心躍らせる多彩な魅力に満ちています。

船上から眺める景色は雄大!

秘境の湖で
大自然に抱かれる

そして今、船旅に新たな魅力が加わりました。
それは御船印です。
御船印は寺社が頒布している御朱印の船バージョン。
全国の船会社が船内や港で発行しています。
その御船印にデザインされているのは
自慢の船、航路の歴史、
船上から見える雄大な景色などさまざま。
デザインも水彩画風、墨絵風、
シャープな意匠と、個性的です。
御船印を考案したのは各船会社のスタッフ。
工夫を凝らし、試行錯誤を繰り返し、
完成した御船印は
船旅のすばらしさを伝えたいという
情熱に満ちています。

初めての船旅でも、何度も経験している船旅でも
そのときに購入した御船印を見れば
人との触れ合いや船旅の記憶が鮮やかによみがえり
きっとまた、船の旅に出たくなるはず。
さあ、御船印帳を手に全国の海、川、湖沼をめぐり
人も景色も美しい日本を再発見する旅に出かけましょう。

カモメと一緒に
クルージング！

第1章

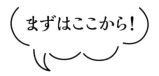

まずはここから！

御船印の旅入門

「御船印＆御船印帳って何？」から

「どこで購入するの？」まで、

御船印めぐりの旅に出る前に

知っておきたい基本をレクチャーします。

御船印とは？

「御船印って何？」「御船印帳はどこで買えるの？」「御船印はどこで購入するの？」
など、御船印めぐりの旅に出かける前に、
これだけは知っておきたい！　という基本をレクチャーします。

御船印って何？

御船印は寺社でおなじみの「御朱印」の船
バージョンです。全国各地の船会社や船に関
わる施設などが、船や航路ごとに独自の「御
船印」を発行しています。そして御船印を集
めながら旅を楽しむことを「御船印めぐり」と
名づけました。2021年4月、一般社団法人
日本旅客船舶協会の公認事業としてスタート
した「御船印めぐりプロジェクト」は、御船印
の発行サポートや情報発信、御船印を貼る公
式御船印帳の発行などを行っています。また、
集めた御船印の枚数によって認定される称号
制度「御船印マスター制度」も実施していま
す（→ P.22）。https://gosen-in.jp/

御船印帳は
どこで買えるの？

公式船印帳（公式印帳）（→ P.26）
は、プロジェクト事務局が制作したも
ので、参加している船会社の船舶が
発着するターミナルや船内売店など
で販売しています。「瑠璃」「海王丸」
の2種類があり、いずれも蛇腹式で
2200円（税込）です。また各社版
の公式船印帳や、船会社が発行す
るオリジナル船印帳もあります。

御船印を購入するには？

御船印は、プロジェクトに参加している船会社の船舶が発着するターミナルの売店や船内売店などで販売しています。また、遊覧船・連絡船の会社ではチケット購入窓口などで販売しているところもあります。販売時間はターミナルや船内売店の営業時間により異なるので、ホームページの「販売情報」を確認しましょう。価格は 300 円〜。

御船印にはどんな種類があるの？

プリント版、スタンプ版、手書きなどさまざま。スタッフが御船印帳にじかにその場でスタンプを数種類押印して完成させるもの、船長がサインを書き入れてくれるもの、切り絵風のほか、和紙を使用したり、写真を配したりとバラエティに富んでいます。いずれも、その船や航路の特徴をうまく表現したデザインばかりです。御船印は購入後、自分で御船印帳に糊付けするタイプが多いのですが、なかにはシール形式の印もあります。見逃せないのは就航周年記念などの「限定御船印」。各船会社の公式ホームページで販売期間や価格などの最新情報をチェックしておきましょう。

9

全国121社

Nationwide 121 companies

御船印参加社MAP

2021年4月から始まった御船印めぐりプロジェクト。2024年3月末時点で121社が参画、船や旅先の観光地を想起させるような各社独自の御船印を発行しています。船上で、旅先で、御船印帳を片手にさまざまな思い出を作ってください。

第一番社	海士 P.14-C-1	第四二番社	宮崎カーフェリー P.15-E-3、P.16-C-3	第八五番社	羽幌沿海フェリー P.11-B-1
第二番社	石崎汽船 P.14-B-3			第八六番社	ジョイポート淡路島 P.15-D-3
第三番社	伊豆諸島開発 P.13-F-4	第四三番社	宮崎松大汽船 P.14-B-3	第八七番社	国道九四フェリー P.14-A-4、P.16-C-2
第四番社	伊勢湾フェリー P.12-A-3	第四四番社	名鉄海上観光船 P.12-A-3		
第五番社	オーシャン東九フェリー P.13-E-2、P.15-F-4	第四五番社	名門大洋フェリー P.14-A-4、P.15-E-3	第八八番社	ゴジラ岩観光 P.11-C-1
				第八九番社	船の科学館 P.12-A-1
第六番社	小笠原海運 P.13-F-4、P.13-E-4	第四六番社	太平洋フェリー P11-B-3、P12-B-4	第九〇番社	十島村 P.16-B-4、P.17-C-1
第七番社	隠岐観光 P.14-B-1			第九一番社	ポートサービス P.12-A-2
第八番社	隠岐汽船 P.14-C-1	第四七番社	ダックツアー P.11-A-4、P.12-C-1、P.15-E-1、	第九二番社	ケーエムシーコーポレーション P.12-A-2
第九番社	金風呂丸フェリー P.14-C-3	第四八番社	シースピカ P.14-B-3		
第一〇番社	九州郵船 P.16-A-1	第四九番社	トライアングル P.12-A-2	第九三番社	やまさ海運 P.16-B-2
第一一番社	熊本フェリー P.16-B-2	第五〇番社	粟島汽船 P.11-A-3	第九四番社	小名浜デイクルーズ P.11-B-4
第一二番社	神戸クルーザー P.15-D-1	第五一番社	前島フェリー P.15-D-3	第九五番社	大阪城御座船 P.15-E-1
第一三番社	神戸ベイクルーズ P.15-D-1	第五二番社	マリンパル呼子 P.16-B-2	第九六番社	甑島商船 P.16-B-3
第一四番社	国際両備フェリー P.15-D-1	第五三番社	三和フェリー P.16-B-3	第九七番社	青函連絡船 八甲田丸 P.11-B-4
第一五番社	佐渡汽船 P.11-A-4	第五四番社	奥只見湖遊覧船 P.11-A-4	第九八番社	伊豆クルーズ P.13-D-3
第一六番社	山陰観光開発 P.14-C-1	第五五番社	神戸シーバス P.15-D-1	第九九番社	九十九島パールシーリゾート P.16-A-3
第一七番社	シーライン東京 P.12-A-1	第五六番社	松山・小倉フェリー P.14-B-4、P.16-C-1		
第一八番社	ジール P.12-A-1			第一〇〇番社	雌雄島海運 P.15-D-3
第一九番社	志摩マリンレジャー P.12-A-4	第五七番社	ふじさん駿河湾フェリー P.13-D-3	第一〇一番社	箱根遊船 P.13-D-2
第二〇番社	ジャンボフェリー P.15-D-3	第五八番社	八重山観光フェリー P.17-B-3	第一〇二番社	九商フェリー P.16-B-2
第二一番社	神新汽船 P.13-D-4	第五九番社	中島汽船 P.14-B-4	第一〇三番社	有明フェリー P.16-B-2
第二二番社	新日本海フェリー P.11-A-2、P.15-F-1	第六〇番社	安栄観光 P.17-B-3	第一〇四番社	島鉄フェリー P.16-B-2
第二五番社	瀬戸内クルージング P.14-C-3	第六一番社	カメリアライン P.16-B-1	第一〇五番社	琵琶湖汽船 P.15-F-2
第二六番社	瀬戸内海汽船 P.14-B-3	第六二番社	オホーツク・ガリンコタワー P.11-C-1	第一〇六番社	水郷めぐりびわ湖観光 P.15-F-2
第二七番社	そともめぐり P.15-F-2	第六三番社	神戸-関空ベイ・シャトル P.15-D-2	第一〇七番社	船浮海運 P.17-B-3
第二八番社	津エアポートライン P.12-A-3	第六五番社	シルバーフェリー P.11-B-3	第一〇八番社	記念艦 三笠 P.12-A-2
第二九番社	東海汽船 P.13-E-3、P.13-F-3	第六六番社	大島汽船 P.11-B-3	第一〇九番社	美浜町レイクセンター P.15-F-1
第三〇番社	東京九州フェリー P.12-B-4、P.14-A-4、P.15-E-3、P.16-C-1	第六七番社	オーシャンマリン P.15-F-2	第一一〇番社	堂ヶ島マリン P.13-D-3
		第六八番社	五島産業汽船 P.16-A-2	第一一一番社	東尋坊観光遊覧船 P.15-F-1
第三一番社	東京水辺ライン P.12-A-1	第六九番社	岩部クルーズ P.11-A-2	第一一二番社	SHIRASE5002 P.12-B-1
第三二番社	東京湾フェリー P.13-E-2	第七〇番社	桜島フェリー P.16-B-3	第一一三番社	サンスターライン P.14-A-4、P.16-A-1、P.16-B-1
第三三番社	南海フェリー P.15-E-3	第七一番社	神戸海洋博物館 P.15-D-1		
第三四番社	ハートランドフェリー P.11-B-1、P.11-A-2	第七二番社	カワサキワールド P.15-D-1	第一一四番社	バンカー・サプライ P.14-B-3
		第七三番社	ぐるっと松江堀川めぐり P.14-B-2	第一一五番社	四国オレンジフェリー P.14-C-4
第三五番社	阪九フェリー P.14-A-4、P.15-E-3、P.16-C-1	第七四番社	小樽運河クルーズ P.11-B-1	第一一六番社	九四オレンジフェリー P.14-B-4、P.16-C-1
		第七五番社	種子屋久高速船 P.16-C-4		
第三六番社	商船三井さんふらわあ P.11-B-3、P.13-F-1、P.14-A-4、P.15-E-3、P.16-C-2、	第七六番社	大沼遊船 P.11-B-2	第一一七番社	箱根海賊船 P.13-D-2
		第七七番社	海技教育機構 P.12-A-2	第一一八番社	海上保安協会 P.12-A-1
		第七八番社	西尾市営渡船 P.12-A-3	第一一九番社	舞鶴港めぐり遊覧船 P.15-E-2
第三七番社	富士汽船 P.13-D-2	第七九番社	野母商船 P.16-A-2	第一二〇番社	ひろしまリバークルーズ P.14-B-3
第三八番社	富士急マリンリゾート P.13-D-2	第八〇番社	水陸両用バス 山中湖のカバ P.13-D-2	第一二一番社	兵庫津ミュージアム P.15-D-1
第三九番社	富士五湖汽船 P.13-D-2			第一二二番社	小樽海上観光船 P.11-B-2
第四〇番社	マリックスライン P.16-B-4、P.17-B-1	第八一番社	富士山清水港クルーズ P.13-D-3	第一二三番社	帆船みらいへ P.15-D-1
		第八二番社	道東観光開発 P.11-C-1	第一二四番社	猪苗代観光船 P.11-A-4
第四一番社	マルエーフェリー P.16-B-4、P.17-C-1	第八四番社	大阪水上バス P.15-D-1	第一二五番社	鹿島埠頭 P.11-B-4

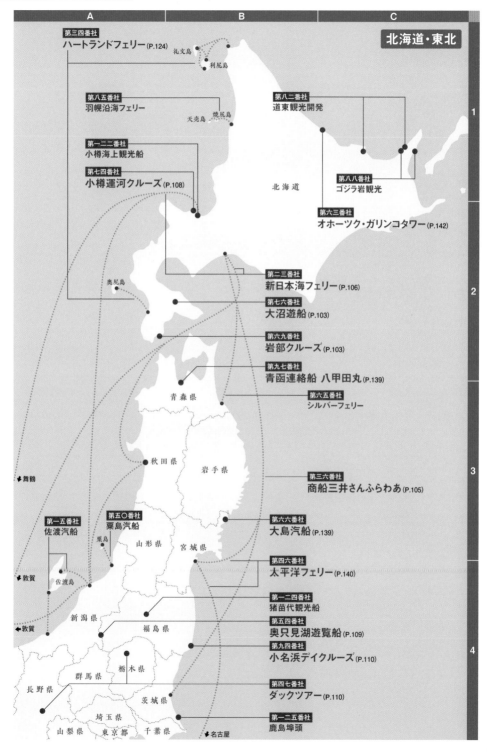

北海道・東北

第三四番社
ハートランドフェリー (P.124)

礼文島

利尻島

第八五番社
羽幌沿海フェリー

天売島　焼尻島

第八二番社
道東観光開発

第一二二番社
小樽海上観光船

第七四番社
小樽運河クルーズ (P.108)

北海道

第八八番社
ゴジラ岩観光

第六三番社
オホーツク・ガリンコタワー (P.142)

奥尻島

第二三番社
新日本海フェリー (P.106)

第七六番社
大沼遊船 (P.103)

第六九番社
岩部クルーズ (P.103)

第九七番社
青函連絡船 八甲田丸 (P.139)

青森県

第六五番社
シルバーフェリー

▶舞鶴

秋田県　岩手県

第三六番社
商船三井さんふらわあ (P.105)

第一五番社
佐渡汽船

第五〇番社
粟島汽船

粟島

山形県　宮城県

第六六番社
大島汽船 (P.139)

▶敦賀

佐渡島

第四六番社
太平洋フェリー (P.140)

第一二四番社
猪苗代観光船

▶敦賀

新潟県

福島県

第五四番社
奥只見湖遊覧船 (P.109)

第九四番社
小名浜デイクルーズ (P.110)

栃木県

群馬県　茨城県

長野県

第四七番社
ダックツアー (P.110)

埼玉県

山梨県　東京都　千葉県

▶名古屋

第一二五番社
鹿島埠頭

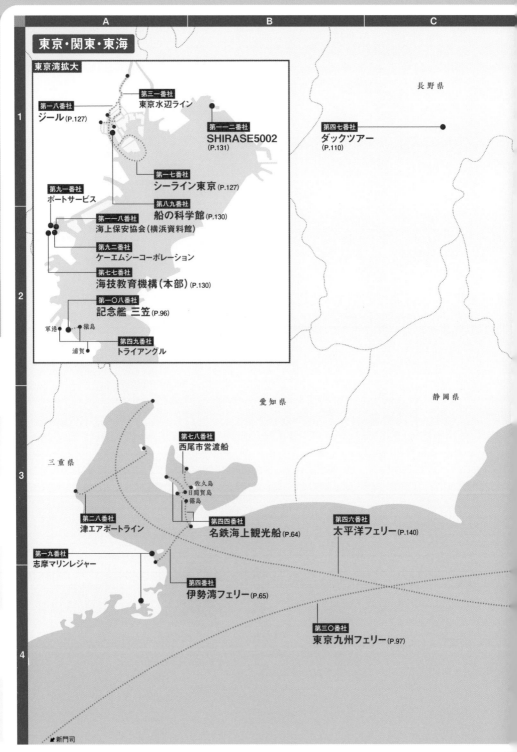

東京・関東・東海

東京湾拡大

第三一番社
東京水辺ライン

第一八番社
ジール(P.127)

第一一二番社
SHIRASE5002
(P.131)

第四七番社
ダックツアー
(P.110)

長野県

第一七番社
シーライン東京 (P.127)

第九一番社
ポートサービス

第八九番社
船の科学館(P.130)

第一一八番社
海上保安協会(横浜資料館)

第九二番社
ケーエムシーコーポレーション

第七七番社
海技教育機構(本部)(P.130)

第一〇八番社
記念艦 三笠 (P.96)

軍港　猿島
浦賀

第四九番社
トライアングル

愛知県

静岡県

三重県

第七八番社
西尾市営渡船

佐久島
日間賀島
篠島

第二八番社
津エアポートライン

第四四番社
名鉄海上観光船(P.64)

第四六番社
太平洋フェリー(P.140)

第一九番社
志摩マリンレジャー

第四番社
伊勢湾フェリー(P.65)

第三〇番社
東京九州フェリー(P.97)

新門司

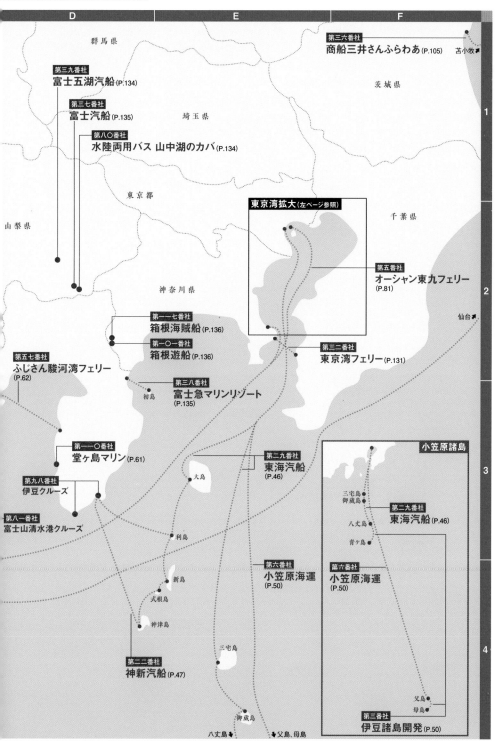

群馬県

第三六番社
商船三井さんふらわあ(P.105)

苫小牧 ▲

茨城県

第三九番社
富士五湖汽船(P.134)

埼玉県

第三七番社
富士汽船(P.135)

第八〇番社
水陸両用バス 山中湖のカバ(P.134)

東京都

東京湾拡大(左ページ参照)

千葉県

第五番社
オーシャン東九フェリー
(P.81)

山梨県

神奈川県

仙台 ▲

第一一七番社
箱根海賊船(P.136)

第一〇一番社
箱根遊船(P.136)

第五七番社
ふじさん駿河湾フェリー
(P.62)

第三二番社
東京湾フェリー(P.131)

初島

第三八番社
富士急マリンリゾート
(P.135)

小笠原諸島

第一一〇番社
堂ヶ島マリン(P.61)

大島

第二九番社
東海汽船
(P.46)

三宅島
御蔵島

第九八番社
伊豆クルーズ

八丈島

第二九番社
東海汽船(P.46)

青ヶ島

第八一番社
富士山清水港クルーズ

利島

第六番社
小笠原海運
(P.50)

第六番社
小笠原海運
(P.50)

新島

式根島

神津島

三宅島

第二二番社
神新汽船(P.47)

父島

母島

御蔵島

第三番社
伊豆諸島開発(P.50)

八丈島 ↓

↓父島、母島

13

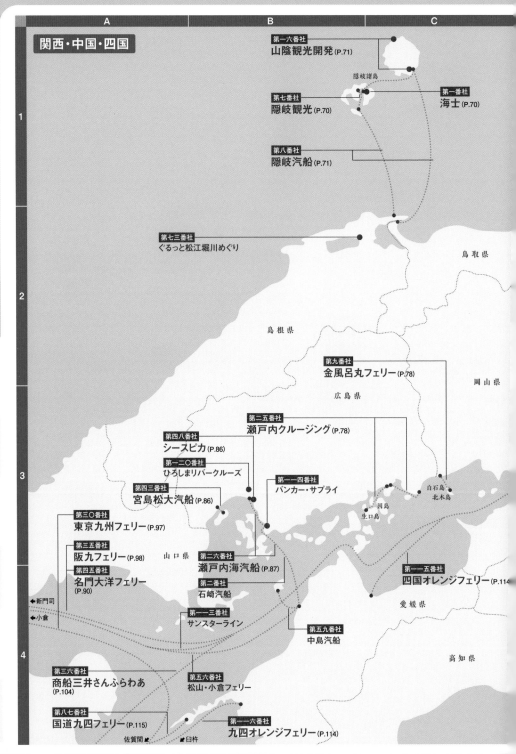

関西・中国・四国

A　B　C

1

第一六番社
山陰観光開発(P.71)

隠岐諸島

第七番社
隠岐観光(P.70)

第一番社
海士(P.70)

第八番社
隠岐汽船(P.71)

第七三番社
ぐるっと松江堀川めぐり

鳥取県

2

島根県

第九番社
金風呂丸フェリー(P.78)

岡山県

広島県

第二五番社
瀬戸内クルージング(P.78)

第四八番社
シースピカ(P.86)

第一二〇番社
ひろしまリバークルーズ

3

第一一四番社
バンカー・サプライ

白石島
北木島

第四三番社
宮島松大汽船(P.86)

因島
生口島

第三〇番社
東京九州フェリー(P.97)

第三五番社
阪九フェリー(P.98)

第四五番社
名門大洋フェリー
(P.90)

山口県

第二六番社
瀬戸内海汽船(P.87)

第二番社
石崎汽船

第一一五番社
四国オレンジフェリー(P.114)

愛媛県

←新門司

←小倉

第一一三番社
サンスターライン

第五九番社
中島汽船

高知県

4

第三六番社
商船三井さんふらわあ
(P.104)

第五六番社
松山・小倉フェリー

第八七番社
国道九四フェリー(P.115)

第一一六番社
九四オレンジフェリー(P.114)

佐賀関↖　↖臼杵

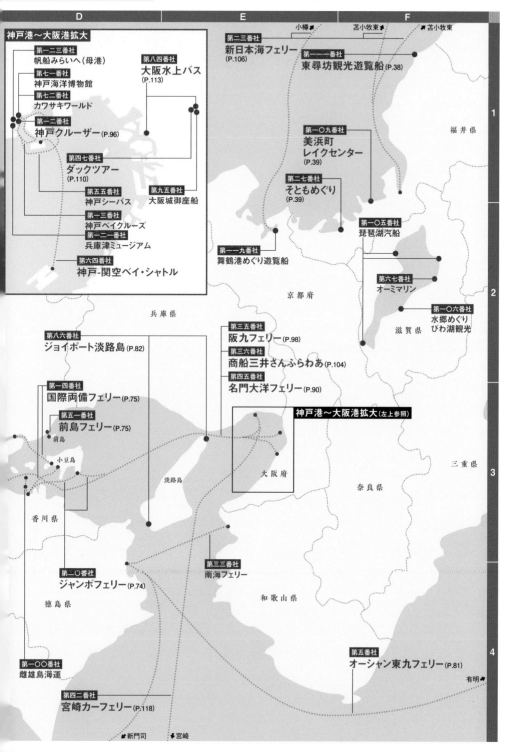

神戸港～大阪港拡大

第一二三番社
帆船みらいへ（母港）

第七一番社
神戸海洋博物館

第七二番社
カワサキワールド

第一二番社
神戸クルーザー (P.96)

第八四番社
大阪水上バス
(P.113)

第四七番社
ダックツアー
(P.110)

第五五番社
神戸シーバス

第九五番社
大阪城御座船

第一三番社
神戸ベイクルーズ

第一二一番社
兵庫津ミュージアム

第六四番社
神戸-関空ベイ・シャトル

小樽 苫小牧東 苫小牧東

第二三番社
新日本海フェリー
(P.106)

第一一一番社
東尋坊観光遊覧船 (P.38)

第一〇九番社
美浜町
レイクセンター
(P.39)

第二七番社
そともめぐり
(P.39)

第一一九番社
舞鶴港めぐり遊覧船

第一〇五番社
琵琶湖汽船

第六七番社
オーミマリン

第一〇六番社
水郷めぐり
びわ湖観光

福井県

京都府

滋賀県

三重県

兵庫県

第八六番社
ジョイポート淡路島 (P.82)

第一四番社
国際両備フェリー (P.75)

第五一番社
前島フェリー (P.75)

前島

小豆島

第三五番社
阪九フェリー (P.98)

第三六番社
商船三井さんふらわあ (P.104)

第四五番社
名門大洋フェリー (P.90)

神戸港～大阪港拡大（左上参照）

淡路島

大阪府

奈良県

香川県

第一〇番社
ジャンボフェリー (P.74)

第三三番社
南海フェリー

徳島県

和歌山県

第一〇〇番社
雌雄島海運

第五番社
オーシャン東九フェリー (P.81)

有明

第四二番社
宮崎カーフェリー (P.118)

新門司 宮崎

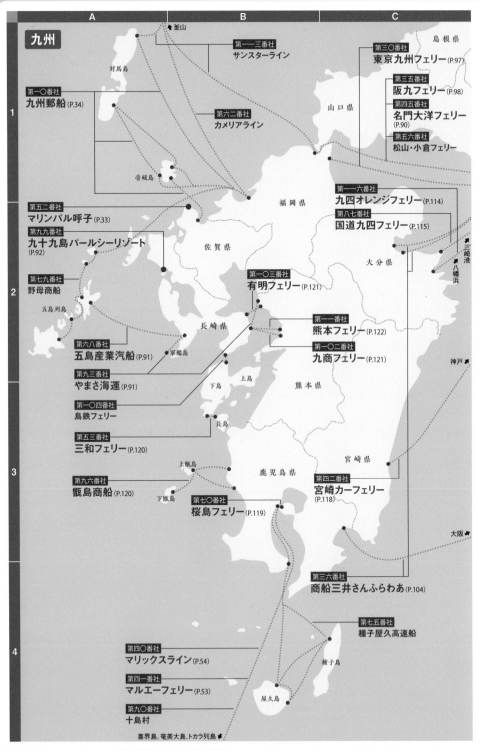

九州

第一一三番社
サンスターライン

第三〇番社
東京九州フェリー (P.97)

第三五番社
阪九フェリー (P.98)

第四五番社
名門大洋フェリー (P.90)

第五六番社
松山・小倉フェリー

第一〇番社
九州郵船 (P.34)

第六二番社
カメリアライン

第一六番社
九四オレンジフェリー (P.114)

第八七番社
国道九四フェリー (P.115)

第五二番社
マリンパル呼子 (P.33)

第九九番社
九十九島パールシーリゾート (P.92)

第七九番社
野母商船

第一〇三番社
有明フェリー (P.121)

第一一番社
熊本フェリー (P.122)

第一〇二番社
九商フェリー (P.121)

第六八番社
五島産業汽船 (P.91)

第九三番社
やまさ海運 (P.91)

第一〇四番社
島鉄フェリー

第五三番社
三和フェリー (P.120)

第九六番社
甑島商船 (P.120)

第七〇番社
桜島フェリー (P.119)

第四二番社
宮崎カーフェリー (P.118)

第三六番社
商船三井さんふらわあ (P.104)

第七五番社
種子屋久高速船

第四〇番社
マリックスライン (P.54)

第四一番社
マルエーフェリー (P.53)

第九〇番社
十島村

釜山

対馬島

島根県

山口県

壱岐島

福岡県

佐賀県

大分県

三崎港

八幡浜

五島列島

長崎県

軍艦島

上島

下島

熊本県

長島

神戸

宮崎県

上甑島

鹿児島県

下甑島

大阪

種子島

屋久島

喜界島、奄美大島、トカラ列島

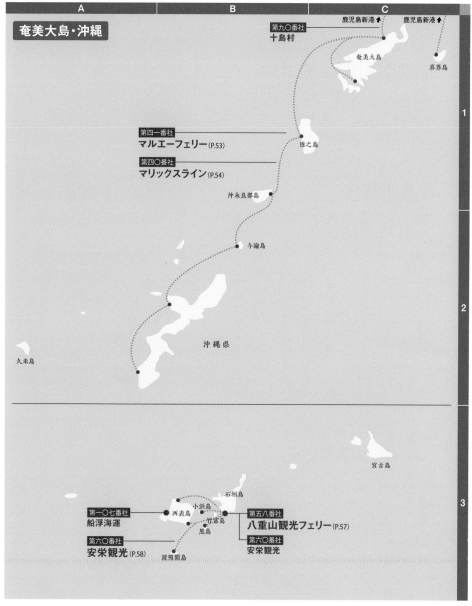

奄美大島・沖縄

鹿児島新港

鹿児島新港

第九〇番社
十島村

奄美大島

喜界島

第四一番社
マルエーフェリー(P.53)

徳之島

第四〇番社
マリックスライン(P.54)

沖永良部島

与論島

沖縄県

久米島

宮古島

石垣島

小浜島

第一〇七番社
船浮海運

西表島

竹富島

第五八番社
八重山観光フェリー(P.57)

黒島

第六〇番社
安栄観光(P.58)

渡照間島

第六〇番社
安栄観光

● は船社の本社もしくは支店の所在地です。実際の発着地と位置が異なる場合もあります。

• は出港、寄港地です。

… は航路を示しています。

参加船会社は、2024年3月末時点のものです。

最新情報は御船印めぐりプロジェクト公式サイトでご確認ください。

御船印ギャラリー

Gosen'in Gallery

周年記念や限定販売、コラボ印など、
カラフルでユニークなデザインの
御船印を集めました

太平洋フェリー P.140

宇宙船をイメージした「きたかみ」と太平洋沿海フェリー時代からの就航50周年記念限定販売印

伊豆諸島開発 P.50

くろしお丸の船体を写実画のように描いています

小名浜デイクルーズ P.110

風を切ってカモメと並走するシーガル号を表現

ふじさん駿河湾フェリー P.62

西伊豆の土肥金山と、佐渡島の佐渡金山は徳川幕府直轄領。金山を海路で結ぶ2社がコラボ

東海汽船 P.46

クジラやウミガメなどの海洋生物と船体を描いたポップでかわいらしいデザイン

富士急マリンリゾート P.135

熱海温泉の温泉むすめ『熱海初夏（あたみういか）』とのコラボ御船印（左）と、東海汽船の「セブンアイランド結」と初島航路「イルドバカンスプレミア」とのコラボ御船印（右）

伊勢湾フェリー P.65

2024年4月4日、創立60周年を記念した切り絵の御船印（期間限定）です

甑島商船 P.120

甑島の花や鳥、恐竜の化石などを甑島列島の形に配置しています

安栄観光 P.58

西表島行きのいりかじ、八重山諸島間を結ぶあんえい号の姿を中心に波や緑の島々をさわやかに描いています

五島産業汽船 P.91

公式キャラクターかんころポチの乗船者限定御船印

マルエーフェリー P.53

奄美群島の自然と朝焼けを表現した鮮やかな印です

ジャンボフェリー P.74

開くと小豆島で育つオリーブの木が飛び出します

桜島フェリー P.119

錦江湾を泳ぐイルカに、雄大な噴煙の上がる桜島と櫻島丸

前島フェリー P.75

船体と会社のロゴで大漁旗を思わせるデザイン

ジョイポート淡路島 P.82

大鳴門橋を背景に世界最大の渦潮と日本丸

御船印ストーリー
Gosenin story

書体、色彩、余白まで
御船印のデザインには
「こだわり」があります

→P.62

船で楽しむ旅のお供に
個性的な御船印はいかが?

ふじさん駿河湾フェリー　企画営業部
小早川 みづきさん

Gosenin story

静岡県

ふじさん駿河湾フェリー

　全6種類ある当社の御船印は、それぞれにテーマをもたせて制作しました。最初に作ったのは、フェリーの一番の見どころである富士山と駿河湾を浮世絵風にデザインした御船印です。職員が筆で書いた船名などを印刷し、その上から海上県道223(ふじさん)号のスタンプを押印しています。また、フェリーを使ったサイクリングルート「するいち(駿河湾一周)」をPRするもの、土肥金山で採掘された金が、葵の御紋を掲げた千石船で徳川家康の暮らす駿府に運ばれたという歴史から制作した「葵の御紋」仕様もあります。「黄金 KAIDO プロジェクト」をテーマにした御船印は、佐渡汽船さんとのコラボ印を含め、テーマの表現に苦心しましたが、歴史ロマンが感じられる情緒ある仕上がりになりました。個性的なラインアップからお気に入りを見つけてもらえるとうれしいですね。

→P.65

海女さんに伝わる魔除けで
ご当地感満点の御船印に

伊勢湾フェリー　鳥羽営業所
松井 奈津季さん

Gosenin story

三重県

伊勢湾フェリー

　「伊勢志摩ならではの御船印を」と考案したのは、海の安全を願う魔除けのお守り「ドーマン・セーマン」と船体にも描かれている水しぶきを組み合わせたデザインです。日々、安全と安心を第一に考えて運航する私たちの思いと、地域性を表現できたと思っています。伊勢湾フェリーは1964(昭和39)年に創立し、2024(令和6)年で60周年を迎えます。60周年記念の御船印は、100年以上にわたり神宮御用紙として御神札の奉製などに使用されてきた伝統ある「伊勢和紙」で切り絵を作成しました。〝人々の平和な暮らしが未来永劫続くように〟との願いが込められた吉祥文様「青海波」を伊良湖水道の波に見立て、その間を運航するフェリーと鳥羽市の木〝ヤマトタチバナ〟をイメージしています。安全・安心・日頃の感謝を込めたすてきな御船印、ぜひ集めに来てください。

九十九島パールシーリゾート

> 九十九島の魅力を表す御船印
> ２枚並べると多島海が完成 !?

→ P.92

御船印めぐりプロジェクトに参画したのは、たまたま第九九番社がとれるタイミングだったことです。九十九島で水族館や遊覧船を運営する当社として、これは絶好の機会でした。すぐにデザインに取りかかりましたが、大小208の島々からなる九十九島の魅力をどうやって表現するかが課題でした。そこで、当社で運航している大型遊覧船「パールクィーン」と小型船「99TRITON」「リラクルーズ」、2種類の御船印を作成し、そのふたつを並べることで九十九島の象徴「オジカ瀬」を中心とした多島海を表現しようという案に決めました。書体は、書道が得意な当社スタッフが何十パターンも書いた中から投票で選んだ思い入れ深いものです。ぜひ両方の船に乗り、九十九島の景観と2枚並べて完成する御船印をお楽しみください。

九十九島パールシーリゾート　遊覧船事業部
富永 剛さん

Gosenin story

八重山観光フェリー

> 伝統工芸「紅型」の技法で
> 八重山の風を感じてほしい

→ P.57

私たちが運航するのは、沖縄県のなかでも八重山諸島と呼ばれる石垣島・西表島・竹富島・小浜島・黒島・鳩間島への定期船です。ありがたいことに沖縄県内で最初の御船印ということで、一目見て〝沖縄だ！〟とわかってもらえるような御船印を作りたいと、古くからの友人でもある石垣島在住の書家・紅型作家の池間真裕子氏にデザインを依頼しました。池間氏は夫婦で沖縄料理店を営むかたわら、沖縄の伝統工芸「紅型」の技法を用いたさまざまな作品を制作しているクリエーターです。御船印は紅型ならではの鮮やかな色使いの中に、当社の船「あやぱに」や八重山諸島に夏の訪れを告げる鳥「アカショウビン」、竹富町の蝶「ツマベニチョウ」、ハイビスカスやサガリバナなどの南国の花々が描かれており、全国の御船印の中でもひときわ目を引くものが作れたと思っています。

八重山観光フェリー　旅行事業部
池間 研さん

Gosenin story

御船印マスター制度とは

御船印めぐりを始めると、きっと全国にあるすてきな御船印を集めたくなるはずです。御船印プロジェクトには「御船印マスター制度」があり、一定の条件のもと、収集した御船印の枚数により「一等航海士」や「船長」の称号が授与されます。

GOSENIN MASTER SYSTEM

称号をゲットして、すてきな認定証をもらおう！

称号には次の4つがあります

- ◎**一等航海士** プロジェクト参加社20社の御船印をあつめること
- ◎**船長** 一等航海士に認定されたのち、さらに参加社40社分の御船印をあつめること
- ◎**レジェンド船長** 船長に認定されたのち、さらに参加社88社分の御船印をあつめること
- ◎**地域マスター** 当該地域に拠点をもつ参加社の御船印を一定社数分あつめること

注）○社分とは御船印の枚数ではなく、印を発行している船会社の数です。A社の印3枚を集めてもA社1社分となります。

認定されると「認定証」が贈られます

シリアルナンバー付きのすてきな認定証が贈られます。また、公式ウェブサイトにニックネームかイニシャルが掲載されます。

認定されるには、事務局への申請が必要です

①定められた枚数の御船印をあつめる

②エントリー台紙に必要な情報を記入して、事務局に申請

※公式船印帳にはあらかじめエントリー台紙が印刷されています

※参加社の発行しているオリジナル印帳や市販の御朱印帳で集印されている方は、御船印のホームページからエントリー台紙を購入し、印帳に貼付のうえ申請する必要があります。その場合、あわせてホームページからダウンロードした申請チェックシートを添える必要があります。

※詳細は、御船印のホームページを確認してください（下記のQRコードからもアクセスできます）

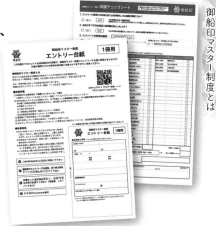

御船印と御船印帳には「認定済」のマークが押され、返送されます。（返送用切手1000円分の同封が必要です）

地域マスターへもチャレンジ！

＜神戸ポートエキスパート＞

「御船印マスター制度」で、はじめての地域版称号が「神戸ポートエキスパート」です。神戸港を発着する9つの船会社と3つの博物館、全12社のうち10社の御船印を集めると、地域称号「神戸ポートエキスパート」が授与されます。また認定者には神戸市から特典としてすてきなグッズがプレゼントされます。（数量限定）

「神戸ポートエキスパート」参加12社	
第一二番社	神戸クルーザー
第一三番社	神戸・ベイクルーズ
第二〇番社	ジャンボフェリー
第三五番社	阪九フェリー
第三六番社	商船三井さんふらわあ
第四二番社	宮崎カーフェリー
第五五番社	神戸シーバス
第六四番社	神戸-関空ベイ・シャトル
第七一番社	神戸海洋博物館
第七二番社	カワサキワールド
第一一五番社	四国オレンジフェリー
第一二一番社	兵庫津ミュージアム

さあ！マスターの称号を目指しながら御船印めぐりの旅を始めてみましょう！

「御船印マスター制度」の詳細は
https://gosen-in.jp/master.php

阿波野屋さん 宮城県在住

称号 船長、一等航海士、神戸エキスパート

テンとココさん 千葉県在住

称号 船長、一等航海士、神戸エキスパート

船は単なる移動手段ではなく
人との出会いが生まれる場所

――まず、皆さんが船旅や御船印収集を始められたきっかけからお聞きしたいと思います。

阿波野屋さん（以下阿） 鹿児島から奄美大島までフェリーを利用したのが船旅に興味をもったきっかけでした。船内施設が整っていて快適に過ごすことができたんです。船では時間がゆったり流れ、航路によっては電波が入りません。日常の喧騒を忘れ、自分ひとりの時間を享受できるんです。こういう体験は衝撃的でした。それまでは旅といえば列車か飛行機だったのが、船旅を知ってからは旅のスタイルが一変しました。

テンとココさん（以下テ） 北海道旅行にさんふらわあの夕方便を利用したのが最初の船旅です。確かに、船旅はゆったりしています。フェリーの食堂で旅客同士、雑談をしたこともありますね。親戚の農家に手伝いに行く人、出張で乗船した人……、さまざまな人がいました。人見知りの私が初対面の人と会話が弾んだのは船旅だからこそだと思います。

ぽんさん（以下ぽ） 船はただの移動手段ではなく、人と人とのつながりが生まれる場でもありますね。私、知り合った船員さんと文通したことがありますよ。御船印は東海汽船で旅の記念に購入したのが最初です。その後、奄美大島と沖縄を結ぶマルエーフェリーで御船印を買ったら、島々の文化を表現した個性的なデザインだったんです。それでほかにもこんなすてきな御船印があるのではと思い、収集を始めました。

おきつironさん（以下お） 私は2021（令和

3）年、東海汽船の東京湾夜景クルーズに乗船したときに御船印の存在を知りました。それで御船印を集めながらの船旅もいいなあと思い、そこから、ズルズルと御船印集めにのめりこんでいったんです（笑）。

御船印取得のために寄り道もあり
配船表を確認してプランを立てる

――最初からマスター取得を目指しましたか？

テ 特に気にしていませんでした。でも、最初は乗船記念と思っていたのが、マスター制度を

マスター取得者 座談会 御船印収集が

知って、あれもこれもと集めたくなりました。

阿 集め出すと、年々参加する船会社が増えて新しい御船印が欲しくなるんです。いつしか、マスター取得が目標になっていきましたね。

――御船印収集のルート作りは綿密にされているんですか？

ぽ 私はアバウトな性格ゆえ、緻密なプランは苦手なんです。1泊2日のプランを立てても、「寄り道すればあそこの御船印が入手できる」とわかれば2泊3日になることもあります。ゆるいプランですね。下関で進水式があるのを知ったときに

は、フェリーで北九州の新門司港に出て新幹線利用で下関、そこから広島へ行き、シーパセオに乗船、帰路はずっと乗りたかった寝台列車のサンライズ瀬戸で帰京というルートで旅しました。

阿　私は、プランを立てたらホームページで船会社の配船表を確認します。例えば新日本海フェリーは8隻の船舶を保有していますが、配船表を見て、まだ乗船したことのない船が就航している日を選び、ルートを組みます。船によって御船印が異なるからです。御船印のなかではジャンボフェリー「りつりん2」のオリーブの木が飛び出

「御船印マスター制度」で称号を授与された皆さんならではの御船印収集のコツやルート設定、船旅の魅力について、実体験をもとにお話しいただきました

船旅を楽しくする

す御船印が気に入っています。

収集は無理せず、近隣から
情報収集ではSNSを活用する

お　東海汽船は御船印がいっぱいあって手ごわいですね。全部で70種類以上です。東京湾納涼船でアニメ『ラブライブ！スーパースター!!』とのコラボ限定版が販売されるのを知って、6日間連続で乗船したことがあるんですが、あのときはひとりで乗ったので辛かった……（笑）。船員さんに顔を覚えられてしまいました。

テ　例えば神戸港がそうなんですけど、いろいろなクルーズが就航しているところへ行くと1ヵ所で複数枚が収集できて効率がいいです。

お　西日本はフェリーや遊覧船が数多く就航しているので西日本在住の人がうらやましいです。でも、御船印収集は無理せず、行けるところから集めていけばいいと思います。東京近郊だとSHIRASE5002とか、横浜の水上バスとか……。

阿　そうですね。近場から集めればいいんです。私はSNSを活用して新造船や御船印関連の情報収集をしています。ある旅のイベントではSNSで知り合った人たちが偶然に集まって、オフ会のような雰囲気になりました。そんな思わぬ出会いを体験できたのは御船印を収集していたからこそでした。

テ　御船印収集のおかげで旅の範囲が広がりました。東京九州フェリーで横須賀から新門司へ行きましたが、門司から下関まで関門海峡の海底を通る関門トンネルを歩いたんです。御船印集めをしていなかったら、そこまで行っていなかったと思いますよ。

ぽ　収集を始めて島旅がいっそう楽しくなりました。長距離フェリーでは港を離れると海や空の色が刻々と変化して、透明度を増していくんです。それを眺めているだけでも感動します。

お　東京九州フェリーは乗船時間が約21時間、日中は暇なんです。船内に24時間入浴できる露天風呂があるから、朝、昼、お風呂に入って、昼寝して、のんびり過ごすことができます。

阿　船上で海を見ながらの入浴は最高です。そんな非日常を楽しめる、これが御船印を収集しながら船で旅する醍醐味ですね。

 # 御船印グッズ

称号申請のための台紙が印刷されています

公式船印帳

参加社の御船印発行窓口で購入できます。

公式船印帳 「瑠璃（るり）」

横 12cm × 縦 18cm × 厚さ 1.5cm
蛇腹式（最大 46 枚の御船印を貼り付け可能）ビニールカバー付き 2200 円（税込）

※公式船印帳の取り扱い一覧は公式 HP をご確認ください。

このほかにも、たくさんの「御船印キーホルダー」があります！

御船印キーホルダー

御船印集めのおみやげ、船旅の思い出にぴったりな御船印キーホルダー。これから順次増えていきます。販売場所は各参加社に確認してください。

表面

裏面

御船印キーホルダー

アクリル製
横 34.6mm ×
縦 52mm ×
厚さ 4mm
（金具部分を除く）
550 円（税込）

取り扱い参加社 2024 年 4 月現在

第五番社　オーシャン東九フェリー	第三五番社　阪九フェリー	第七九番社　野母商船
第一一番社　熊本フェリー	第四五番社　名門大洋フェリー	第八六番社　ジョイポート淡路島
第一二番社　神戸クルーザー	第四六番社　太平洋フェリー	第九〇番社　十島村（フェリーとしま 2）
第二〇番社　ジャンボフェリー	第五四番社　奥只見湖遊覧船	第九六番社　甑島商船
第二三番社　新日本海フェリー	第五八番社　八重山観光フェリー	第一一一番社　東尋坊観光遊覧船
第二六番社　瀬戸内海汽船	第六〇番社　安栄観光	第一一五番社　四国オレンジフェリー
第三〇番社　東京九州フェリー	第六六番社　大島汽船	第一一六番社　九四オレンジフェリー
第三二番社　東京湾フェリー	第六八番社　五島産業汽船	
第三四番社　ハートランドフェリー	第七七番社　海技教育機構（JMETS）	

船旅をより楽しむ予備知識
日本の水運と船舶の歴史

海に囲まれ、河川や湖沼に恵まれた日本では、古来、水運が発達してきました。
昔も今も、水上交通は物流や産業を支える必要不可欠なインフラとして
重要な役割を果たしています。
時代とともに進化してきた船の歴史と、
現在活躍している船をご紹介しましょう。

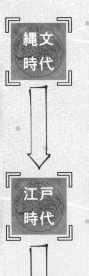

縄文時代

日本の船の起源

　日本の船の歴史は縄文時代にまで遡ることができます。千葉県市川市の雷下遺跡からは約7500年前の丸木舟が発掘されています。縄文人は海や湖沼、河川で丸木舟を操り、水上交通や狩猟に利用していたと推測されます。

加曽利貝塚博物館（千葉県千葉市）には複製された丸木舟が展示されています（写真提供：千葉市立加曽利貝塚博物館）

江戸時代

国内海運が発展

　江戸時代、膨大な人口を擁する大坂や江戸には全国から日用品や食料、特産品をはじめとする多くの商品が集まりました。大量の物流を可能にしたのが海運です。大坂と江戸を結ぶ太平洋側の菱垣（ひがき）廻船や樽（たる）廻船、北海道や日本海側の港と大坂を日本海から瀬戸内海経由で結んだ北前船（きたまえぶね）がその代表です。

日和山公園（山形県酒田市）で、2分の1スケールの国内最大の北前船の模型船を見ることができます

幕末〜大正

開国により、外国航路へ進出

　開国により海外との交流が盛んになると海運は大きく発展します。明治政府の助成もあり、外国航路に就航する大型汽船の多くが国内で建造されるようになりました。1890（明治23）年には日本初の鋼製汽船「筑後川丸」が建造され、日本は世界的な海運国になっていきます。1919（大正8）年には建造量において、米国、英国に次ぐ世界第3位の造船国になりました。

「筑後川丸」は大阪ー仁川線などの近海航路に就航

環境と人に優しい船の出現

美浜町レイクセンターの運航する電池推進遊覧船。化石燃料を使わないことで環境に優しい船です

　昭和に入ると「環境への配慮」が世界的テーマとなり、海運も見直されました。なかでも地球温暖化の原因となっているCO_2の排出量削減は大きな課題です。近年は重油に代わる新しい燃料が注目を集めています。2023（令和5）年、商船三井さんふらわあ（→P.104）はLNG（液化天然ガス）を燃料としたフェリー「さんふらわあ くれない」「さんふらわあ むらさき」を就航し話題になりました。福井県の美浜町レイクセンターは施設に設置された太陽光パネルから蓄電された電気を原動力とする電池推進遊覧船を運航しています。

　国は令和2年度の補正予算で2兆円の「グリーンイノベーション基金」を造成。「次世代船舶の開発」を事業のひとつにし、水素・アンモニア・LNG燃料船の技術開発などを支援しています。

船旅の概念が劇的に変わる新造船

　ここ数年、長距離フェリーや観光船などが次々と新造船を就航させ、乗船者から「船旅の概念が変わった！」という声を聞くようになりました。船旅が苦手という人の多くが、「揺れる・船酔いする」「臭い」という経験やイメージをもっているでしょう。しかし、最近は横揺れを制御するコンピューターシステムやフィン・スタビライザーの採用で船酔いがしにくい環境を整え、LNG燃料などの使用により、重油燃料による独特の臭いも解消してきています。

　船内ではデジタル化（DX）が進み、乗船チケットや船室のカギなどはQRコード化され、スマホひとつで対応できます。そして船内の居住空間はカフェやリゾートホテルを思わせるスタイリッシュなデザインが施され、バリアフリー化も進み、誰もが心地よく過ごせる空間になっています。

名門大洋フェリー（→P.90）が2021（令和3）年に就航した「フェリーきょうとII」。抗ウイルス、抗菌加工やバリアフリー環境を整えた安心・快適な空間です

ジャンボフェリー（→P.74）では、2022（令和4）年10月からチケットレス乗船システム「QRスマート乗船」の運用を開始

瀬戸内海汽船（→P.87）の「シーパセオ」船内。"瀬戸内海の移動を楽しむ、みんなの公園"を目指したスタイリッシュな設計

現在

多様化する船舶の時代

日本船主協会ではおもな船の種類を、その用途によって商船（貨物船、客船、フェリーなど）、作業船（タグボート、サルベージ船など）、漁船、特殊船（海底ケーブル船、気象観測船、深海調査船など）、艦艇（航空母艦、巡洋艦など）としています。そのうち、御船印を販売している船舶についてご紹介しましょう。

高速船

名鉄海上観光船
→P.64

旅客船（13名以上の旅客定員を有する船舶）のうち、航海速力が22ノット以上の船舶（国土交通省海事局用語集による）。

ジェットフォイル

東海汽船
→P.46

川崎重工が米国のボーイング社から製造・販売権を得て建造する、最先端の技術を駆使した超高速旅客船です。ウォータージェット推進機で海水を取り込み、船尾から高圧噴射、水中翼で船体を海面に浮かせて走行します。速度は時速約80km。自動姿勢制御装置が波の高さにかかわらず、安定した姿勢での走行が可能です。

カーフェリー

宮崎カーフェリー
→P.118

旅客や貨物を乗せた自動車を運ぶ船。自動車航送船ともいいます。

長距離フェリー

東京九州フェリー
→P.97

カーフェリーのうち片道の航路距離が300km以上で、陸上輸送のバイパス的な役割を果たす船舶（国土交通省海事局用語集による）。

もっと知りたい

遊覧船

富士五湖汽船
→P.134

景色のよい河川・湖沼・港湾などで観光客を主体として航行される旅客船。

水上バス

大阪水上バス
→P.113

おもに2地点を結ぶ定期航路で不特定の人を乗せる旅客船（海上運送法187号による）。東京や大阪などの河川・港湾で都市交通のひとつとして運航され、通勤や通学、観光の交通手段として利用されています。

町と海運の歴史と未来が学べる
神戸海洋博物館・カワサキワールド

©神戸海洋博物館

神戸開港120年記念事業として1987（昭和62）年に開館、2020（令和2）年にリニューアルしました。神戸の町・海・船舶の歴史と未来を資料、模型、映像や体験型の展示を交えて紹介。川崎重工グループによる企業博物館「カワサキワールド」を併設しています。

御船印情報
場所：神戸海洋博物館内ミュージアムショップ
時間：10:00〜18:00（最終入館17:30）
価格：550円（別途入館料大人900円）
問い合わせ先：078-327-8983
https://kobe-maritime-museum.com/

外航船

商船には国内航路に就航している「内航船」、外国航路に就航している「外航船」があります。博多港と韓国の釜山を結ぶカメリアラインや大阪港と釜山港を結ぶサンスターラインなどは韓国旅行で利用しやすい外航船でしょう。

カメリアライン
御船印情報
場所：ニューかめりあ船内売店
時間：乗船後にご確認ください
価格：500円
問い合わせ先：092-262-2323
https://www.camellia-line.co.jp/

サンスターライン
御船印情報
場所：パンスタードリーム号船内フロント、大阪・対馬の各ターミナル
時間：大阪9:00〜18:00、対馬8:30〜17:30　価格：300円
問い合わせ先：06-6614-2516
https://www.panstar.jp/

船旅アンバサダーと体験！

最新豪華フェリーで行く 大阪〜九州クルーズ

船旅ファン大絶賛の新造船
「さんふらわあ くれない」に、
アンバサダーの小林希さんと
乗船しました。
大阪・博多・壱岐島と3泊4日の
船旅をレポートします！

船旅アンバサダー 小林希さん

地球の歩き方編集室 日隈理絵

1日目 11:45

「アクアライナー」で 川面から大阪散策！

大阪城、天満橋、れんが造りの
公会堂、高層ビル……広い窓に
刻々と風景が移り変わります。

ステキな御船印

目が離せない！

大阪水上バス →P.113

12:30 **大阪城周辺 めぐり！**

大阪の中心にそびえる天守閣
は高さ約55m。最上階に
登れば市街が一望のもと！

ミライザ大阪で
ランチタイム♪

大阪に来たらお好み焼き
&たこ焼きランチ。レトロ
な外観のミライザ大阪内
のコナモンバル利休で！

16:30

大阪南港ATCに到着！

さんふらわあターミナル（大阪）第1ター
ミナルから出航。ATC内にはカフェがあ
り、乗船前にひと休みできます。

「さんふらわあミュージアム」があり、
模型やポスターが設置されていました

発券窓口の奥には広くてきれいな待
合室があります。快適な空間です

今から乗る
さんふらわあ
くれないです！

商船三井さんふらわあ →P.104

18:00 「さんふらわあ くれない」に乗船！

乗船すると目の前に広がるのは丸天井のゴージャスなアトリウム。豪華フェリーの旅に期待度MAXッ!!

なんと！3層吹き抜け！

船内情報を検索できるデジタルパネル付きテーブルにも最新鋭の技術がキラリ☆彡

パネルをバックに記念撮影できるスペース。船長服や帽子も用意されています

19:05 九州に向けて出港！

別府までは約12時間。展望浴場でさっぱりしたら、レストランで瀬戸内グルメ、プロジェクションマッピングを見て、贅沢すぎる船旅時間を満喫♡

ショップでオリジナルグッズをGET。飲み物、アイスやお菓子も買い込んで船室でいただきま〜す！

御船印もショップで！

夜景も見えます

ワインで乾杯！

従来はファンネル（煙突）から煙を上げて航行していましたが、環境に優しいLNG燃料を使用しているため、フェリーのファンネルから煙はほとんど見えません

船内レストランで瀬戸内ビュッフェ♪

瀬戸内海の幸や大分県の郷土料理にスイーツでトレイは山盛り。どれも美味！

客室

スイート和洋室コネクト　　デラックス和室

スーペリアシングル　　　プライベートシングル

2日目 6:55 別府に入港!

デッキからは朝焼けの町並みと湯煙が見えました。港の周辺にはレンタカーの各社営業所があります。いざ、別府温泉めぐりにGO!

早朝の港は潮風が爽快!

源泉をめぐる地獄めぐり。血の池地獄、龍巻地獄などは国指定名勝です

温泉の蒸気を利用して野菜や魚介類、肉を蒸す「地獄蒸し」が名物

レンタカーで呼子へ

乗船前に購入!

16:30 呼子町(佐賀県)の名所 七ツ釜を「イカ丸」で探検!

海蝕洞窟が並ぶ"七ツ釜"。近づくにつれ絶壁が迫り、自然の驚異を実感! 洞窟内を進むときには船が洞窟の壁スレスレでドキドキ。探検気分満点!

マリンパル呼子 →P.33

呼子グルメ・みやげ

「イカの活き造り」は驚くほど透明な身とコリコリした食感にひたすら感動!

イカの甘味とプリプリした歯応えがクセになりそう、「いかしゅうまい」

呼子に来たらイカ!

18:30 博多で一泊

レンタカーで博多へ

3日目 10:00 ベイサイドプレイス博多で観光!

博多ポートタワーとツーショット♪

「ボスコーヒー」では、音楽を聴きながら、こだわりのコーヒーでひと休み

博多港に隣接する商業施設です。地元グルメやショッピングが楽しめるほか、ライブなどのさまざまなイベントも開催しています。

「博多豊一」はお手頃価格で寿司バイキングが味わえる、大人気の食事処

高さ8mの巨大水槽の中、約3000匹の魚が泳ぐアクアリウム。ウミガメもいます!

15:00
「ジェットフォイルヴィーナス」乗船準備！

九州郵船 →P.34

15:45 に出航です！

壱岐島まではたったの 70 分。速力約 40 ノット（時速約 75km）、疾走感たっぷりの船旅です。

御船印は出航前に船内売店で購入。高速走行なので、運転中はシートベルト着用です！

16:55
壱岐に到着！

4日目　神々が宿る壱岐島で神社めぐり！

島に祀られている「小島神社」は、干潮時だけ参道が現れ、歩いて参拝できます

境内に石猿が並ぶ「男嶽神社」。近くの女嶽神社も参拝すると良縁に恵まれるとか

航海の安全を守る神様をお祀りする「月讀神社」は、森の中に鎮座しています

「住吉神社」は壱岐島を代表する格式ある神社。縁結びの夫婦クスノキがあります

旅を終えて……

"くれない"では皆さんが抱いている従来のフェリーのイメージが一新するはず！

いろいろな船に乗れて、あっという間の4日間。御船印がいっぱい収集できました！

マリンパル呼子

海中展望船「ジーラ」。デッキ席もあり、海上からの風景も楽しめます

御船印

御船印情報
場所：乗船券販売窓口
時間：9:00 〜 17:00
価格：300 円
問い合わせ先：0120-425-194
https://www.marinepal-yobuko.co.jp/

クジラ型の海中展望船「ジーラ」をかわいいイラストにしたシンプルなデザイン

地図：加部島、鷹島、七ツ釜、マリンパル呼子

海底探検と洞窟探検の2航路

　海中展望船「ジーラ」と七ツ釜遊覧船「イカ丸」で玄海国定公園の景勝地をめぐります。クジラ型のジーラは北部九州初の半潜水型海中展望船、呼子と鷹島間を約 40 分で周遊します。船には海面下 1.2 ｍの位置に海中展望席が設けられ、大きな窓越しに海の生物を観察できます。イカ丸は玄界灘の荒波に浸蝕された洞窟〝七ツ釜〟をめぐる遊覧船です。天候と波の状況がよければ船で洞窟内まで入れます。

1 「イカ丸」1 時間に 1便運航。呼子港を出航し、七ツ釜を遊覧。所要約 40分（多客時は増便あり）
2 七ツ釜はかまどを 7つ並べたような海蝕洞窟で古くから奇岩景勝地として知られています
3 「ジーラ」には左右に展望窓があり、海中を泳ぐさまざまな魚が間近に観察できます

ジェットフォイル「ヴィーナス2」。定員257名を約40ノットで運びます。
ジェットフォイルの船室にはシニアシートや優先席があります

九州と歴史ある国境の島々を結ぶ船旅

　福岡県の博多港、佐賀県の唐津東港から壱岐、対馬を結ぶフェリーとジェットフォイルを運航しています。ジェットフォイルは博多—壱岐間を所要約70分、壱岐—対馬間を所要約60分で結ぶ超高速船。のんびり船旅を楽しみたいならフェリーがおすすめ。博多港から壱岐経由で対馬の厳原（いづはら）港へは約4時間40分、唐津東港—壱岐へは約100分のクルーズです。博多—比田勝港（対馬）間はフェリー「うみてらし」が就航しており、約5時間でつなぎます。対馬への航路は推古天皇や聖徳太子が生きた時代に遣隋使が通った海の道です。玄界灘を見ながら、古代へ思いをはせるロマンあふれる船旅が楽しめます。

1 2021年7月に就航した「うみてらし」は、約1100t、定員176名 2 海を眺めながら会話も弾むラウンジスペース 3 カウンターのある多目的サロン 4 2等椅子席は使いやすいレイアウト

御船印

九州郵船の御船印は全部で船別で9種類！

うみてらし

左下に"うみてらし"（対馬北部に自生する「ヒトツバタゴ」の花をデザイン

ヴィーナス2 VENUS

船体をデザイン。社名の背景に押された角印は航路名になっています

フェリー きずな

フェリーちくしと2隻で「博多壱岐対馬航路」を運航するフェリーきずな

エメラルド からつ

「唐津〜印通寺（壱岐）」はダイヤモンドいきと2隻で運航

御船印情報
場所：フェリーは船内受付、ジェットフォイルは船内売店
時間：各船就航時間内
※販売を行っていない時間があります
価格：300円　問い合わせ先：092-281-0831　https://www.kyu-you.co.jp/

九州郵船の船は全部で7隻

ジェットフォイル2隻、フェリー5隻を所有。フェリーのほとんどがバリアフリー席、車椅子スペースを完備しています。

ダイヤモンドいき

エメラルドからつ

ジェットフォイル ヴィーナス

フェリーちくし

フェリーきずな

ジェットフォイルの船室にはシニアシートや優先席があります

「フェリーちくし」のスカイラウンジは1等客室使用者が利用できます

乗船ガイド

博多ふ頭からは壱岐、対馬へフェリーとジェットフォイルが発着。唐津東港からは壱岐へフェリーが就航。

博多港
福岡の繁華街、天神近く。ジェットフォイルは第1ターミナル、フェリーは第2ターミナルから出港します
◆ JR博多駅からバスで15分

唐津東港
唐津は、古くから中国をはじめアジアの国々との交易の要衝。唐津一壱岐（印通寺）間のフェリーが発着
◆ JR唐津駅から車で10分

印通寺港
壱岐の南端に位置しており、九州本土に最も近い港。壱岐一唐津間のフェリーが発着

郷ノ浦港
壱岐の南西部に位置します。博多と対馬を結ぶ壱岐の表玄関です

博多港に立つ博多のシンボル「ポートタワー」。港の周辺は見どころがいっぱいです

芦辺港
壱岐の東岸に位置します。郷ノ浦港と同様フェリーとジェットフォイルが発着します

比田勝港
対馬最北部に位置します。新造船のフェリー「うみてらし」が発着する港です

厳原（いづはら）港
対馬市の中心地にあり対馬の玄関口です。2020年12月に完成した新しいターミナルです

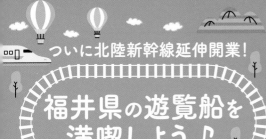

ついに北陸新幹線延伸開業！

福井県の遊覧船を満喫しよう♪

おまけに琵琶湖

2024年3月16日、
北陸新幹線延伸にともない、
関東から福井県へのアクセスが便利になりました。
今注目の福井県へ、御船印を集めに出かけませんか？

福井県2泊3日

Day 1
Day 2
Day 3

海軍ゆかりの港めぐり遊覧船

福井県のお隣、京都府の舞鶴港で運航している「海軍ゆかりの港めぐり遊覧船」。舞鶴湾内に点在する護衛艦や造船所など、海上自衛隊にゆかりのあるスポットを海からめぐります。御船印めぐりで福井県や滋賀県を訪れた際は、ぜひ舞鶴にも足を延ばしてみて！
問い合わせ先：090-5978-8711（舞鶴港めぐり遊覧船）

Day 1
❶ 東尋坊遊覧船
❷ あわら温泉街まち歩き
❸ あわら温泉の旅館に宿泊

Day 2
❶ 美浜町レイクセンター
❷ 日向湖畔サイクリング
❸ 久々子湖畔サイクリング

Day 3
❶ 鯖街道ミュージアム
❷ そともめぐり
❸ 御食国若狭おばま食文化館

Day 1

北陸新幹線で芦原温泉駅へ！

金沢─敦賀間にある「芦原温泉駅」も新幹線駅として開業！ 東京を9時20分発の新幹線かがやきに乗車すると、12時17分に芦原温泉駅へ到着します。

❶ 東尋坊遊覧船 →P.38

福井県の名勝・東尋坊を海上から眺めます。2024（令和6）年2月1日より販売開始した御船印＆御船印アクリルキーホルダーも GET して！

東尋坊遊覧船50周年記念特別版の御船印（700円）は、2025年3月末までの限定販売

通常版の御船印をデザインしたキーホルダー（550円）

❷ まち歩きで体験メニューやグルメを堪能♪

芦原芸妓によるメイク＆着付けで舞妓さんに変身！

東尋坊からバスで約30分、「関西の奥座敷」と呼ばれる「あわら温泉」があります。舞妓さん変身体験や、「湯けむり横丁」で地元の人との交流など、温泉街ならではの体験を……。

❸ 温泉旅館に泊まろう！

あわら温泉の源泉は74本あり、旅館ごとに泉質や効能が異なります。地元で取れた新鮮魚介など、宿泊客しか味わえない料理も堪能できます。

Day 2　美浜町の三方五湖を遊覧＆サイクリング

芦原温泉駅から電車で南下して約1時間。美浜駅でレンタサイクルを借りて、三方五湖（久々子湖、水月湖、日向湖、菅湖、三方湖）方面へ向かいます。

❶ 美浜町レイクセンター　（→P.39）

国内初の再生可能エネルギーを活用した「電池推進遊覧船」で久々子湖と水月湖を遊覧します。併設のカフェでパワーチャージしたら、サイクリングスタート！

軽食やドリンクを提供しています

❷ 日向湖畔をサイクリング

日向湖に面している日向地区は、民宿・漁師の家屋が建ち並ぶ漁村で、情緒あふれる風景を楽しみながらサイクリングできます。

日向湖は1周約4km

❸ 久々子湖畔をサイクリング

久々子湖は1周約7km

久々子湖には福井県立久々子湖ボートコースがあり、朝・夕にはボートの練習風景が見られます。

Day 3　鯖街道の起点 小浜を歩く

美浜駅から電車でさらに南へ約40分、小浜駅に到着。昔、若狭湾で取れた海産物を京都に運んだ「鯖街道」の起点ならではの文化や自然を体感します。

❶ 鯖街道ミュージアム

小浜駅から徒歩7分ほどで到着。日本遺産に認定されている「鯖街道」をはじめ、小浜市の文化財や伝統芸能、祭礼などを紹介しています。

まずは鯖のトリックアートと記念撮影を♪

❷ そともめぐり　（→P.39）

徒歩10分ほどで遊覧船乗り場に到着。名勝「大門・小門」など、豪壮な蘇洞門（そとも）海岸を船上から眺める約60分のコースです。

併設のレストランでは、地魚を使った海鮮料理を提供

❸ 御食国若狭おばま食文化館

展示を通して食の歴史・文化などを学べるほか、郷土料理や若狭塗箸などを作る体験も可能。小浜ゆかりの湯が楽しめる銭湯もあり、若狭おばまの魅力が満載！遊覧船乗り場から徒歩約5分。

箸の研ぎ出し体験は約40分、1300円

さらに寄り道

ここまで来たら琵琶湖クルーズも!

小浜から電車に乗って約1時間で、琵琶湖に面する滋賀県の近江今津に行けます。せっかくなので、琵琶湖の御船印もコンプリートしてみては?

オーミマリン

琵琶湖に浮かぶ竹生島をはじめとする定期観光船や、さまざまなイベント観光船を運航。彦根―竹生島航路乗船者のみ御船印をいただけます。

御船印情報
場所：オーミマリン彦根港
時間：8：30 ～ 14：00
価格：500 円
（竹生島乗船券とのセット販売のみ）
問い合わせ先：0749-22-0619
https://www.ohmitetudo.co.jp/marine/

近江今津
今津港

長浜港

竹生島

約1時間

彦根港

びわ湖観光
乗船場

約1時間30分

大津港

約1時間20分

琵琶湖汽船

大津港発着の「ミシガンクルーズ」や今津・長浜港発着の「竹生島クルーズ」など、琵琶湖全域で観光船を運航しています。

御船印情報
場所・時間：大津港9：00 ～ 17：00、今津港9：00 ～ 16：30、長浜港8：30 ～ 16：30（時期により異なる）
価格：500 円（乗船者のみ購入可）
問い合わせ先：077-524-5000
https://www.biwakokisen.co.jp/

水郷めぐり　びわ湖観光

かつて八幡堀から西の湖、水郷、長命寺川を抜けて、多くの船が琵琶湖上を行き来していました。水郷の風情に浸りながら、近江商人の湖上交通を楽しめます。

御船印情報
場所：びわ湖観光乗船場受付
時間：9：00 ～ 18：00
価格：500 円
問い合わせ先：0748-32-2131
http://www.suigou.com/

東尋坊遊覧船

東尋坊を代表する断崖絶壁「大池」。東尋坊乗り場から運航時は、奥まで船が入ります

⚓ 大迫力の絶景を海上から眺望

東尋坊は海岸線に沿って巨大な柱状の岩が約1.5km も続く景勝地。崖の上から見下ろせば足がすくむほどの断崖絶壁ですが、遊覧船に乗ると、この絶景を間近に観賞できます。遊覧船はライオン岩、恐竜岩（ティラ坊）、大池など東尋坊を代表する奇岩スポットをめぐります。海上から見上げる景観は大迫力。毎年秋に開催されるサンセットクルーズでは夕日に染まる岩石群と海のすばらしい風景が堪能できます。

御船印

東尋坊の見どころ「大池」と遊覧船を色彩豊かに描いた力強いデザインです

雄島

東尋坊
観光遊覧
船乗り場

御船印情報
時間：9:00 ～ 16:00
価格：500 ～ 700 円
問い合わせ先：0776-81-3808
https://www.toujinbou-yuransen.jp/

1 約30分間で東尋坊の見どころスポットを周遊します。海から見上げる絶壁に圧倒されることでしょう **2** 秋の"東尋坊SUNSET"イベント期間中はサンセットクルーズを運航 **3** 海に沈む夕日と赤く染まる海や岩石群の眺望が楽しめます

⚓ 電気の力で三方五湖を遊覧

美浜町レイクセンター

若狭湾国定公園を代表する景勝地、三方五湖を遊覧します。使用するのは電池推進遊覧船です。船はガソリンや軽油などの化石燃料を一切使わず、電気の力だけで進みます。クルーズのコースは久々子湖を出発し、浦見川を通り、水月湖に向かう所要約50分。地元ガイドが同行し、電池推進遊覧船の説明や地元ならではの見どころを紹介してくれます。

排気ガスやCO₂の排出がなく、人や生物に優しい電池推進遊覧船

御船印

浦見川を進むクートの写真を使用。朱色で三方五湖のロゴも配されています

地図
- 美浜町レイクセンター
- 日向湖
- 久々子湖
- 水月湖

御船印情報
場所：美浜町レイクセンター
　　　チケットカウンター
時間：9：00～17：00　価格：500円
問い合わせ先：0770-47-5960
https://mihama-lakecenter.com/home/

■ 浦見川を航行する「グリープ」 ■ 浦見川を進む「クート」。振動も騒音もほとんど生じません ■ レイクセンター内のカフェでは鹿ドッグを販売

⚓ 若狭の景観を海から眺める

そともめぐり

若狭湾のリアス海岸の北側に位置する蘇洞門（そとも）。その壮大な自然美をめぐる約60分間のクルーズです。若狭フィッシャーマンズ・ワーフから出港する遊覧船の眼前には、断崖や奇岩、洞窟、洞門など日本海の荒波が花崗岩を浸食して造り上げたダイナミックな景観が続きます。まさに海の芸術！　また、発着地の若狭フィッシャーマンズ・ワーフには若狭の銘品やおみやげが充実。食事処では、地魚のメニューも楽しめます。

大門・小門と遊覧船「のちせ」（客室は座席でデッキは立席になります）

御船印

蘇洞門のシンボルともいえる代表的な名勝、大門・小門を描いた図柄です

地図
- 大門・小門
- 松ヶ崎
- 小浜湾
- 若狭フィッシャーマンズ・ワーフ

御船印情報
場所：乗船券売り場
時間：8：30～17：00（12月～3月は9：00～）　価格：400円
問い合わせ先：0770-52-3111
https://www.wakasa-fishermans.com

■ 縁起のよい「夫婦亀岩」 ■ 若狭フィッシャーマンズ・ワーフのみやげ物売り場には、若狭の銘品などが充実しています ■ フィッシャーマンズ・ワーフ2階の食事処「海幸苑」では、朝市で競り落とした地魚が味わえます

船上で働くその思いと船旅の魅力

⚓ comment 01

八甲田丸元機関長の 生解説が人気

　青函連絡船に初めて乗船したのが、船乗りになったきっかけです。津軽の山裾で育った私は小学校6年生のとき、初めて連絡船に乗り、こんな世界があるのかと強烈な印象を受けたものです。1962（昭和37）年、日本郵船に入社し、外国航路の船員として"七つの海"を航海。その後、1970（昭和45）年から18年間、青函連絡船で仕事をし、八甲田丸には5年半、機関士として乗船しました。その経験を生かし、船内を案内しています。ガイドでは操舵輪の操作や羅針盤の見方など実際に機器に触れてもらい、操船の醍醐味を少しでも実感していただけるよう心がけています。私が実際に体験した壮大な海のロマンもお話ししています。

八甲田丸を存続する会代表 ➡P.139
葛西鎌司さん

⚓ comment 02

淡路島が好きで 夫婦で移住しました

ジョイポート淡路島 ➡P.82
船上ガイド **郷田友恵さん**

　月や太陽の引力によって引き起こされる「渦潮」は本当に神秘的です。鳴門海峡で見られる世界最大級の大渦潮、ゆったりと巻く渦潮、かわいらしい小さな渦潮など、その形はどれひとつとして同じものはなく、毎日見ても飽きません。また、大鳴門橋の真下は干潮と満潮が隣り合わせのスポット。ここでは干満により海面に段差ができます。その差は2m近くにもなるときがあり、海水が滝のように流れ落ち、初めて見たときには鳥肌が立ちました。そんな私の驚きや感動を皆さんにお伝えできるようにガイドをしています。船上ガイドは迫力ある自然現象からパワーをもらえ、お客様の笑顔に出会えるすてきな仕事です。

楽しい解説で遊覧船の旅や船内見学を盛り上げてくれるスタッフの皆さんは、どのような思いで乗船者を迎えているのか？　それぞれの仕事や遊覧船の魅力についてうかがいました。

⚓ comment 03

—

曽祖父から4代、大沼遊覧が仕事場です

　関東圏から北海道へUターンして、父も勤務していたことのある当社に入社しました。大沼・小沼遊覧は新緑、紅葉、雪景色と四季折々の変化があり、何度いらしても、異なった景色を楽しんでいただけると思います。SNSでは常にお客様目線を心がけています。実際に自分が遊覧船に乗船して、写真を撮り、気づいたこと、体験したこと、その感想を自分の言葉で発信するようにしています。また、改善すべきと感じたことはそのつど、改善しています。お客様から「SNSを見ています」とお声がけいただいたときはとてもうれしかったです。御船印のデザインや広報、販売にもかかわり、私自身も収集を楽しんでいます。

大沼遊覧 ➡P.103
チケット売場・SNS運用担当 **小泉真子さん**

⚓ comment 04

—

観光案内やライブでクルーズをエスコート

琵琶湖汽船 ➡P.38
ミシガンパーサー **カズマさん**

　ミシガン船内で琵琶湖の魅力が伝わるように観光案内やライブショーを行っています。おもてなしの心を大切に、ショーはもちろん、乗船前から、クルーに親しみをもっていただけるようなパフォーマンスを心がけています。遠方にお住まいの方が私に会うため10年ぶりにご乗船くださったときには本当にうれしかったです。お客様と楽しい時間を共有できたときの感動やお客様の笑顔が力になっています。一期一会を大切に思い出に残るひとときをお届けできるようがんばっています。

LET'S BOAT TRIP!

安心して楽しめる船旅のコツ

初めての船旅、長距離の船旅には少し不安があるかもしれません。
そんな不安が解消できるコツを紹介します

 TIPS 1

船に酔ってしまったら

船内では法令に基づき医薬品の販売はできません。また、国内のフェリーでは通常、船医も乗船していないので、乗船時は酔い止めの薬や胃腸薬など常備薬を持参しましょう。

 TIPS 2

ペットを同伴したい

ペット同伴で利用できる客室やペットを預けるペットルームを完備したフェリーがあります。いずれも事前予約が必要です。

 TIPS 3

女性のひとり旅なら

ルームチャージがかかりますが、個室があれば利用すると安心です。大部屋は基本、男女相部屋ですが、女性専用フロアを設けているフェリーもあります。早めの予約がおすすめです。

 TIPS 4

バリアフリーは?

車椅子スペース、身障者用トイレ、エレベーター、手すりなどを設置した船が増えています。新造船のほとんどはバリアフリー化されています。

 TIPS 5

客室や浴室の
アメニティは?

スイートや個室にはバスタオル、ナイトウエア、歯ブラシなどが用意されていることが多いです。浴室や共同展望風呂にも基本的にシャンプーや石鹸が備わっています。

HAVE A NICE TRIP ♪

第2章

島めぐり

太平洋・東シナ海編

ドルフィンスイムに星空観賞!

伊豆諸島めぐり

竹芝客船ターミナル
利島
新島

このプランでは
2社3枚
御船印 GET!

高速ジェット船で20万本ものツバキが茂る緑豊かな利島へ。翌日は青い海と白砂がまぶしい新島を訪ねます。イルカとの遭遇があるかも!

Day 1

8:50

竹芝客船ターミナル
(東京都港区)

東海汽船
▶P.46
高速ジェット船
8:50～11:14
1万890円～

御船印 GET!

出航前に、ターミナル内案内所
またはSHOP竹芝で購入

11:14
ここから
利島!

利島港
(東京都利島村)

徒歩20分圏内に
民宿が集まって
います

港からは山に
向かって上り
坂が続く……

11:35

宿泊施設チェックイン

利島には、公共交通機関
やレンタカー、レンタバイク
などがありません。徒歩で
の観光、または車の貸出や
送迎に対応している民宿
へご相談ください

荷物を
預けて
観光!

島内散策

日中

ドルフィンスイム・
ウオッチング

©利島村

ハイキング

©利島村

7つある神社めぐりや、1年を通じ
て青々とした宮塚山の自然を満喫。
展望台からは絶景が望めます

利島は
山登りが人気

東京都観光連携推進協議会

島周辺にすむ野生のイルカたちと出会えるかも!(要事前予約)

19:00頃

宿泊施設

徒歩約1時間
または
車で約10分

20:00以降

南ヶ山園地

スターウオッチング

空一面の星の下に、新島などの島々から漏れる淡い光を観賞でき、利島ならではの体験ができます

©利島村

徒歩約1時間
または
車で約10分

21:00頃

宿泊施設

Day 2

11:10

利島港

神新汽船
▶P.47
小型カーフェリー
11:10〜12:10
650円〜
※利島→新島への運航は火・金・日曜のみ

 GET 御船印
船内で購入

12:10

ここから新島!

新島港（東京都新島村）

徒歩約20分

新島港や、島の中心街・本村は島の西側に位置しています

12:30頃

本村地区

商店や宿泊施設が集まる集落。宿泊施設に荷物を預けたら、お昼のお弁当とレンタサイクルを調達しましょう!

レンタサイクル

自転車約10分

13:00

羽伏浦海岸

どこまでも続く真っ白な砂浜と、空と海の青のコントラストに感動! サーフィンのメッカととても有名です

 自転車約20分

緩やかだけど、アップダウンあり、休憩しつつ進もう!

15:30

新島ガラスアートセンター

©東京諸島観光連携推進協議会

世界でも珍しい「コーガ石」のガラス製品の制作・販売や、コップの絵付け体験（要予約／所要時間40分／3300円）を行っています
※実施していない時期もあるため、要事前確認

自転車約1分

道端にはコーガ石のオブジェがいっぱい!

16:30頃

湯の浜露天温泉

コーガ石でできた古代ギリシャ建築風の混浴露天風呂です（要水着着用）。無料で24時間いつでも入浴可能!

東京諸島観光連携推進協議会

自転車約10分

18:00頃

宿泊施設

Day 3

12:50

新島港

東海汽船
12:50〜19:00
6630円〜

下船後、ターミナル内の案内所またはSHOP竹芝で購入

 GET 御船印

19:00

竹芝客船ターミナル

※2023年8月の運航表を参考に作成

全長118m、最大定員1343名、時速約38kmで航行する「さるびあ丸」

🚢 伊豆諸島への快適な船旅を

　東海汽船は1889（明治22）年、渋沢栄一の協力で設立した東京湾汽船が最初です。保有する大型客船は東京―大島―利島―新島―式根島―神津島航路に就航している「さるびあ丸」、東京―三宅島―御蔵島―八丈島航路に就航している「橘丸」の2隻。どちらも低燃費、CO$_2$の排出を抑えるなどのエコロジー機能を搭載したエコシップです。客室はフロアタイプのほかにベッドを備えた個室もあります。船内にはエレベーターを設置し、バリアフリーにも対応しています。高速ジェット船は、時速80kmの超高速ながら、波の影響を受けない構造でほとんど揺れず、安定した姿勢を保って航行。快適な船旅が体験できます。

鮮やかな黄色とオリーブ色に彩られた「橘丸」。特等室、和室、レストランやシャワールーム、キッズルーム、ペットルーム、授乳室などを完備

御船印

来港記念 東海汽船

令和　年　月　日

御船印は全部で約70種類。どれも船に親しみを感じられるデザインです

竹芝客船ターミナル
横浜港大さん橋
国際客船ターミナル
　　　　　大島
新島　　　利島
式根島
神津島　　三宅島
　　　　　御蔵島

　　　　　八丈島

御船印情報
場所：竹芝客船ターミナル内案内所のほか、SHOP竹芝、熱海、伊東、久里浜、大島、利島、神津島、八丈島の各営業所
時間：9：30～18：00（竹芝客船ターミナル内案内所）
価格：300円～　問い合わせ先：03-3436-1148
https://www.tokaikisen.co.jp/gosenin

結、愛、友、大漁と名づけられた高速ジェット船4隻が就航。米国の航空機メーカーが開発、海上を飛ぶ、海のジェット機です

1「橘丸」の特等室。長い船旅でもゆったりと過ごせる室内 **2**「セブンアイランド結」の1階船内。高速船らしいシートが印象的 **3**「さるびあ丸」の展望レストランでは「ジャンボエビフライカレー」と「島海苔塩ラーメン」がおすすめ。夜景や海の景色を眺めながら食事ができます **4** 東京湾納涼船が7月～9月中旬に毎日就航。夕刻、竹芝を出港、約2時間かけてレインボーブリッジや東京湾岸の夜景を見ながら、クルーズします。フリードリンク制の食事も楽しめます **5** 2022年4月高速ジェット船就航20周年を記念して誕生した東海汽船のオリジナルキャラクター「東海汽船 はこぶね課」。デザインはリラックマやすみっコぐらしでおなじみのサンエックス社です **6**「さるびあ丸」（左）と「橘丸」（右）の「てのりぬいぐるみ」。6隻の全キャラクターが揃っています

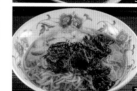

神新汽船

495ｔ、全長63mの「フェリーあぜりあ」。乗用車は10台まで積載可能（完全予約制）

下田港から伊豆諸島をめぐる

　静岡県下田市の下田港から利島―新島―式根島―神津島を結ぶ貨客船を運航しています。火・金・日曜日は利島から新島、式根島を経て神津島へ、月・木・土曜日はその逆コース。水曜日は運休日です。島をめぐる「フェリーあぜりあ」は伊豆諸島行きの船では唯一のカーフェリー。3層構造で、1等・2等客室のほか、バリアフリー席を完備、甲板にはベンチが設置されています。

御船印

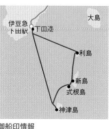

「フェリーあぜりあ」の船体を、本船のファンネル（煙突）のグリーンの色彩で描いたものです

御船印情報
場所：神新汽船 下田営業所
時間：8:00～9:30、
　　　14:00～16:00
価格：300円
問い合わせ先：0558-22-2626
http://shinshin-kisen.jp/

1 下田港を9:30に出港し、4つの島をめぐり、16:30に帰港する7時間のワンデークルージングが好評。大人6260円～ **2** 1等客室は眺めのよい3層の最上部。ゆったりとした船旅を **3** 車両用ランプ。小型船ながら人と車を同時に運べる伊豆諸島航路初のカーフェリー

クジラのジャンプに心が躍る！
小笠原諸島めぐり

父島、南島、母島をめぐり、世界自然遺産小笠原を堪能。ダイナミックなクジラの姿や海洋パノラマを眺めながらの船旅も楽しみです。

父島
南島
母島

GET
御船印
このプランでは
2社2枚

Day 1

11:00

竹芝客船ターミナル（東京都港区）

小笠原海運
▶P.50
11:00〜翌11:00
2万9670円〜
（2024年2月現在）

船内「ショップドルフィン」
で購入

GET
御船印

Day 2

ここから父島！

11:00

二見港（東京都小笠原村）

レンタサイクル

3時間1000円〜
自転車で約10分

父島はアップダウンがあるので電動アシスト自転車がおすすめ！

12:30

製氷海岸

エダサンゴの群生の中をカラフルな魚たちが泳ぐスノーケリングスポット。初夏にはウミガメに出会えるかも！

15:30

小笠原海洋センター

自転車で約1分

入館は無料！オリジナルグッズも充実しています

ウミガメの飼育を行っており、ウミガメとの記念撮影や餌やり体験もできます

自転車約10分
レンタサイクル返却

16:00

宿泊施設

19:00頃

ナイトツアー

ガイドが宿に迎えに来てくれます。光るキノコや、すばらしい星空、条件が合えばアオウミガメの産卵も見られるかも！

21:00頃

宿泊施設

Day 3

8:30

イルカ・クジラ・南島ツアー

ドルフィンスイム

イルカを発見したら、スノーケルやフィンをつけて海へ。一緒に遊べるかはイルカの気分次第♪

所要時間：約7〜8時間
1万1000円〜

南島上陸

島自体が天然記念物に指定されており、ヒロベソカタマイマイの半化石や、自然が生んだ絶景が見られます

小笠原近海を回遊するクジラのダイナミックなジャンプは壮観！

ホエールウオッチング

17:00頃

宿泊施設

徒歩約35分

元気があれば島内散策続行！

17:35

大村第二砲台跡

第2次世界大戦の激戦地としての痕跡が島内各所にあります

徒歩約5分

17:40

ウェザーステーション展望台

夕日の名所として島民にも愛されるスポット。だんだんと雲が焼けて星が出てくる様は必見です

徒歩約40分

夕日を見た帰り道には、町の夜景も楽しめます♪懐中電灯も忘れずに！

19:00頃

宿泊施設

Day 4

7:30

二見港

伊豆諸島開発
▶P.50
7:30〜9:30
5190円〜

下船後、小笠原母島観光協会（沖港待合所内）で購入

GET 御船印

ここから母島！

9:30

沖港（東京都小笠原村）

島内観光ガイドツアー

所要時間：約2時間30分〜3時間
5000円〜

ガイドの車に乗って、母島の名所をめぐります

母島随一の景勝地。小富士山頂からは、南崎の珊瑚礁や、向島、平島、妹島などが一望できます

南崎

御幸之浜

1927（昭和2）年、昭和天皇が海洋生物のサンプルを収集された場所。「貨幣石」として知られる珍しい有孔虫化石が見つかります

「シマホルトノキ」をはじめ、小笠原諸島固有種の樹木が保存されている植物群落保護林です

桑の木山

ロース記念館

ロース石で作られた郷土資料館。島の昔の暮らしの様子を垣間見ることができます

12:30

沖港

父島に帰還！

伊豆諸島開発
14:00〜16:00
5190円〜

16:00

二見港

Day 5

10:00

大村地区散策

父島のメインストリート（湾岸通り）で、じっくりおみやげを探したり、のんびりカフェめぐりをしたり♪

15:30

二見港

小笠原海運
15:30〜翌15:30
2万9670円〜

Day 6

15:30

竹芝客船ターミナル

小笠原海運

⚓ 大パノラマを楽しむ離島航路

東京竹芝桟橋から南に約1000km。父島二見港までの定期運航が始まったのは1972（昭和47）年のことです。当時は44時間もの船旅でしたが、現在では約24時間で小笠原へ。船は東京を11時に出港、八丈島を通過するまでは伊豆諸島の島影を望めます。船室は定員2名の1等室、エコノミーな二段ベッド室や和室から広々としたスイートルームまで多様な部屋が用意されています。

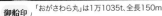
「おがさわら丸」は1万1035t、全長150m

御船印

世界自然遺産の島へ
おがさわら丸
OGASAWARA MARU
令和　年　月　日

ロゴマークをバックに世界自然遺産小笠原への航路をアピールしています

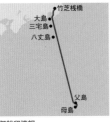
竹芝桟橋
大島
三宅島
八丈島
父島
母島

御船印情報
場所：船内「ショップドルフィン」
時間：運航中　価格：300円
問い合わせ先：03-3451-5171
https://www.ogasawarakaiun.co.jp/

1 展望ラウンジからは太平洋の大パノラマが楽しめます。軽食やワイン、島をイメージしたお酒を提供 **2** レストランでは、朝・昼・夕食を提供。島塩で味わうステーキやラーメン、定食など豊富なメニューが揃っています **3** ショップドルフィンは、「おがさわら丸」船内6デッキにあります。飲食物はもちろん、小笠原のおみやげや船内でしか手に入らないオリジナルグッズも販売しています

伊豆諸島開発

⚓ 青ヶ島・母島の生活航路

八丈島—青ヶ島間を約3時間、小笠原諸島の父島—母島間を約2時間で運航しています。離島に生活物資を運ぶ貨客船として島民にとって必要不可欠な存在です。東海汽船と大島町、利島村、八丈町など伊豆諸島8町村とが出資して1971（昭和46）年に設立。「あおがしま丸」「ははじま丸」「くろしお丸」の3隻を保有しています。デッキには椅子席が設置されています。

御船印

乗船記念
ははじま丸
HAHAJIMA MARU
令和　年　月　日

就航10周年
あおがしま丸
乗船記念
令和　年　月　日

明るい赤は「ははじま丸」のイメージにぴったりのデザイン。「あおがしま丸」の御船印は、就航10周年記念の限定御船印です

大島
三宅島
八丈島
青ヶ島
父島
母島

「あおがしま丸」は2014（平成26）年に就航。460t、全長62m、全幅11m。旅客定員50名です

御船印情報
場所：東海汽船八丈島営業所
時間：平日8：30〜15：30、土・日〜11：30　価格：300円
問い合わせ先：04996-2-1211
http://www.izu-syotou.jp/

1 「ははじま丸」は小笠原諸島の父島—母島間を航行。クジラやイルカの姿を観察できる、開放デッキが設けられています **2** 「くろしお丸」は493t、全長66m、2021年竣工

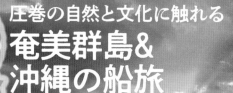

PACIFIC &
EAST CHINA SEA
モデルプラン
003

鹿児島・沖縄6泊7日

圧巻の自然と文化に触れる
奄美群島＆沖縄の船旅

GET! このプランでは 2社4枚
御船印

徳之島、沖永良部島では雄大なサンセットや洞窟探検で神秘的な海の魅力をたっぷり体感。沖縄では史跡を歩き、島の文化にも触れます。

鹿児島新港

奄美大島

徳之島

沖永良部島

那覇

Day 1 18:00

鹿児島新港（鹿児島県鹿児島市）

🚢

マルエーフェリー
▶P.53
18:00〜翌日9:10
1万3100円〜

船内売店で購入 GET! 御船印

Day 2 9:10 ここから徳之島！

亀徳港（鹿児島県徳之島町）

🚗 レンタカー
車で約30分

サトウキビ畑に囲まれた農道を進みます

10:00

犬の門蓋

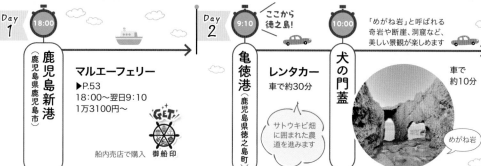

「めがね岩」と呼ばれる奇岩や断崖、洞窟など、美しい景観が楽しめます

車で約10分

めがね岩

11:00

平土野港周辺 🍴

車で約40分

13:00

徳之島なくさみ館 🍴

徳之島の伝統「闘牛」の会場です。併設されている資料館で、闘牛の歴史や技などを学べます。大会のない日でも、稽古試合を見られるかも！

車で約25分

17:00

犬田布岬

戦艦大和の慰霊塔があり、夕日の撮影スポットとして人気です

車で約35分
レンタカー返却

18:30

亀徳港周辺 🎫

Day 3 9:40

亀徳港

🚢

マリックスライン
▶P.54
9:40〜11:30
1560円〜

船内売店で購入 GET! 御船印

11:30 ここから沖永良部島！

和泊港（鹿児島県和泊町）🍴

🚗 レンタカー
車で約15分

港への配車サービスを活用すると便利！

13:00

フーチャ

縦穴型の洞窟から見える、吸い込まれそうな深い青色の海が渦を巻く光景は圧巻！

©Okinoerabu Island

14:00

©Okinoerabu Island

車で
15〜30分

時間があれば、途中の国頭小学校にある日本一のガジュマル見学もおすすめ！

ケイビングツアー

「洞窟の聖地」沖永良部島で、美しい鍾乳洞を探検！（2万2000円〜、所要時間2〜3時間）

17:00

ナイトビーチピクニックツアー

和泊港

ライトアップされたビーチで神秘的なひとときを過ごせます（6500円〜/人、宿泊施設から送迎あり）

Day 4

日の出前

宿泊施設

車で移動

日の出

ウジジ浜公園

© K.P.V.B
波で削られた奇岩群が動物や植物のようにも見え、ここから拝む朝日は壮観です

車で約15分
レンタカー返却

早朝のウジジ浜へ行かない場合は、沖永良部島ではバス移動でもOK

12:00

和泊港

マルエーフェリー
▶P.53
12:00〜19:00
6400円〜

船内売店で購入 御船印

ここから沖縄県！

19:00

那覇港（沖縄県那覇市）

Day 5

9:00

波の上ビーチ

スノーケリングやパラセーリングで沖縄の海と空を満喫♪ 波上宮の参拝も外せません

徒歩とバスで約20分

那覇バス
11:42（久米孔子廟前）〜11:51（開南）
240円

12:00

壺屋やちむん通り

作陶体験やギャラリー見学で沖縄の焼き物文化に触れながら、風情ある町並みを散策♪

徒歩とバスで約20分

那覇バス
14:38（牧志）〜14:47（首里城公園入口）
240円

15:00

玉陵（たまうどぅん）

琉球王国を統治した第二尚氏王統の陵墓で、2000（平成12）年12月に世界遺産に登録されました

15:50 首里城跡

徒歩約5分

玉陵と同じく、こちらも世界遺産に登録されています

2019(令和元)年の火災で多くが焼損するも、復元関連イベントなどで注目される人気観光地です

沖縄都市モノレール 30〜40分

19:00 宿泊施設（那覇港周辺）

首里城公園からの眺め

Day 6 **7:00** 那覇港

マリックスライン
7:00〜翌日8:30
1万6560円〜

船内売店で購入 GET 御船印

Day 7 **8:30** 鹿児島新港 本土に帰還！

タクシーで約5分

徒歩(20分)+バス(14分/230円)でも行けます

8:40 鹿児島市魚類市場

市場見学＆食事して帰ろう！

©鹿児島市

1ヵ月前までの申込みで市場見学ができるほか、10時以降は食堂・売店の利用も可能です

「いおかごしま」HPより

マルエーフェリー

桜島を背にした「フェリー波之上」。白を基調とした北欧風の船内はバリアフリーにも配慮

鹿児島・奄美群島・沖縄を結ぶ

ファンネルの赤い"A"が印象的です。Aは奄美大島の頭文字にちなみます。奄美群島に寄港しながら鹿児島から那覇まで、フェリーあけぼのとフェリー波之上が就航しています。鹿児島港を夕刻出港、桜島を見ながら錦江湾を進み、奄美大島には早朝到着です。ここからは朝のさわやかな海と昼の海を見ながらのクルーズ。本部から那覇までは夕日の美しいサンセットクルーズが楽しみです。

御船印

2023(令和5)年6月16日より新デザインに。あけぼのと波之上を合わせるとひとつの作品になります

御船印情報
場所：船内売店
時間：売店営業時間　価格：300円
問い合わせ先：099-224-2121
https://www.aline-ferry.com/

鹿児島新港
屋久島
奄美大島　名瀬港
亀徳港(徳之島)　古仁屋港
和泊港(沖永良部島)
本部港　与論港(与論島)
那覇港　沖縄

1 「フェリーあけぼの」の船内は高級感ある木目調の落ち着いた雰囲気 **2** 特等室は木目調のインテリア。ツインベッド、バス・トイレ、TVや洗面台を完備 **3** 「フェリー波之上」限定メニュー「鰹飯」は、枕崎産カツオだしをかけていただきます。800円

2021（令和3）年就航の「クイーンコーラルクロス」。全長145m、幅24m。プライバシーに配慮した設計

⚓ クイーンコーラルで奄美群島・沖縄への旅

　鹿児島から奄美群島に寄港し、沖縄まで「クイーンコーラルプラス」「クイーンコーラルクロス」のフェリー2隻が就航。2隻とも船体はブルーと白のコントラストが鮮やかなデザインで「ドルフィン・ブルー・オーシャン〜イルカの泳ぐ海〜」がコンセプトです。幸せを招くイルカとともに大海原を駆けるフェリーをイメージ。船内のインテリアもドルフィン・ブルーが印象的です。客室には洋室と大部屋タイプの和室があり、レストランには定食から麺類まで豊富なメニューが揃います。また、「クイーンコーラルプラス」は展望浴室・コワーキングスペース、「クイーンコーラルクロス」はシャワールーム・キッズルーム・メイクルーム・ビューシートを備え、2隻とも女性専用室〈2等室〉・授乳室・ペットルームがあります。

1 Pleasant, Luxury and Utility Ship（楽しく、心地よい、多目的・実用的な船）の意味を込めた「クイーンコーラルプラス」 **2** すばらしい海の景色が堪能できる「クイーンコーラルクロス」のビューシート **3** 「クイーンコーラルクロス」の特等室 **4** 奄美大島を代表する郷土料理で、スープをかけて食べる鶏飯が好評。700円

御船印

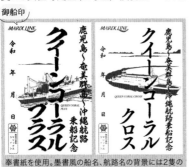

奉書紙を使用。墨書風の船名、航路名の背景には2隻のフェリーと島影のイラストが配されています

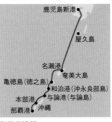

鹿児島新港
屋久島
名瀬港
亀徳島（徳之島）　奄美大島
和泊港（沖永良部島）
本部港　与論港（与論島）
那覇港　沖縄

御船印情報
場所：各船内売店
時間：各船内売店営業時間
価格：330円
問い合わせ先：099-225-1551
https://marixline.com/?page_id=4693

サザンコールプラン

鹿児島発着のフェリー乗船券と、奄美群島の宿泊などがセットになったプラン。料金は部屋タイプと出発期間により異なります
※プランの設定期間はホームページで確認してください

PACIFIC & EAST CHINA SEA
モデルプラン
004

沖縄離島2泊3日

第2章

004

八重山諸島

美景ビーチでバカンス♪
八重山諸島を
アイランドホッピング

新石垣空港
小浜島　竹富島
石垣島離島ターミナル
西表島
波照間島

島と島をつなぐアイランドホッピング。石垣島を拠点に高速船で西表島、波照間島、小浜島、竹富島を結び、効率よく島内を観光します。

GET
御船印
このプランでは
3社5枚

Day 1

11:00頃
ここから石垣島!

新石垣空港
（沖縄県石垣市）

路線バス
11:20（新石垣空港）
〜11:50（石垣港離島ターミナル）
500円

11:50

市街地
（石垣市美崎町）

レンタカーを借りて島を周遊!

石垣やいま村

琉球衣装・シーサー絵付けなどの体験や、希少な動植物の観察、郷土料理やみやげ店も♪

川平湾

石垣島屈指の景勝地。グラスボートの船底から、美しく輝く海の中を観察できます

玉取崎展望台

美しい海や「シーサーのしっぽ」とも呼ばれる平久保半島を一望!

車で約40分
レンタカー返却

19:00

市街地

石垣島を縦断!島らしい景色も楽しめます

Day 2

8:00

石垣港離島ターミナル

八重山観光フェリー
▶P.57
8:00〜8:50
往復5170円

石垣港の受付カウンターで購入

GET
御船印

8:50
ここから西表島!

上原港
（沖縄県竹富町）

まるまビーチ

上原港から徒歩3分ほどにある穴場ビーチ。遠浅で少し沖には珊瑚礁もあります

西表島交通
路線バス
10:37（上原）〜
11:07（白浜）
570円

11:07

白浜港

船浮海運
11:00〜11:10
往復960円

船内で購入　御船印
GET

白浜港と船浮集落を約10分で結ぶ定期船「ふなうき丸」

船浮集落

陸路がなく、船でしか行けない「陸の孤島」。豊かな自然と伝統的な家屋が残る秘境です

11:25 船浮港

イダの浜

亜熱帯の自然に溶け込んだ、西表島で屈指の美しさを誇るビーチです

15:10 船浮港

船浮海運
15:10〜
15:20

15:20 白浜港

西表島交通
路線バス
15:45(白浜)〜
16:16(上原)
570円

16:16 上原港

八重山観光
フェリー
高速船
16:50〜17:40

17:40 石垣港離島ターミナル

Day 3

8:00 石垣港離島ターミナル

安栄観光
▶P.58
高速船で約90分
波照間島・小浜島・竹富島 3島周遊コース
1万8270円〜

石垣港の
受付カウンターで購入

GET! 御船印

9:30 波照間港（沖縄県竹富町）

ここから
波照間島！

日本最南端の碑

ニシハマビーチ

バスに乗って、日本最南端の碑や波照間ブルーの美しいニシハマなどをめぐります

13:15 波照間港

安栄観光
高速船で
約1時間25分
（西表島大原港
での乗り換え
含む）

14:40 小浜港（沖縄県竹富町）

ここから
小浜島！

シュガーロード

大岳

レンタサイクルでさとうきび
畑が広がるシュガーロードや、
大岳からの眺めを楽しみます

15:20 小浜港

安栄観光
高速船で
約30分

15:50 竹富港

ここから
竹富島！

カイジ浜

星砂が見つかるカイジ浜や、
遠浅で波の静かなコンドイ
ビーチを満喫したら、昔なが
らの民家が連なる赤瓦集落
でのんびり♪

コンドイビーチ

赤瓦集落

17:00 竹富港

安栄観光
高速船で
約15分

17:15 石垣港離島ターミナル

路線バス
18:00（石垣港離島
ターミナル）〜18:30
（新石垣空港）
500円

18:30 新石垣空港

空港1階に飲
食店やみやげ
店が集中して
います

八重山観光フェリー

離島観光の足となる「やいま」。船内はとてもきれいで快適な船旅が楽しめます

石垣島から八重山諸島への定期航路

　石垣島から西表島、竹富島、小浜島、黒島、鳩間島への定期航路を毎日運航。離島観光の、そして離島住民の生活の足として不可欠な存在です。会社は1971（昭和46）年、沖縄の本土復帰とともに創業しました。以来、五十数年間、「安全・安心・快適・感動」をモットーに運航を続けています。また、離島への定期航路のほかに石垣島発日帰り離島観光ツアーも数多く催行しています。そのなかで八重山諸島への観光旅行が初めての人に好評なのが、西表島・由布島2島めぐり。9時発と10時30分発が選べて見どころを効率よく周遊できます。このツアーには世界自然遺産に登録された西表島でのマングローブクルーズ、水牛車で渡る由布島観光が含まれます。

1 石垣島と西表島の間に広がる珊瑚礁海域「石西礁湖」を航行します　**2** 島めぐりツアーは世代を問わず人気です　**3** 沖縄の原風景が残る竹富島　**4** 西表島では特別天然記念物「イリオモテヤマネコ」が暮らしています

御船印

伝統工芸である紅型をモチーフに、南国の花々や蝶などがあしらわれ、沖縄らしい色鮮やかなデザイン

御船印情報
場所：ユーグレナ石垣港離島ターミナル
　　　八重山観光フェリー窓口
時間：7：00～18：30
価格：300円
問い合わせ先：0980-82-5010
https://yaeyama.co.jp/

離島ツアー

石垣島から各離島へ、乗船券込みの観光ツアーを各種催行。島めぐり、西表島、竹富島、小浜島、黒島ツアーがあります

「ぱいじま2」。2階席はスーパーシートの利用（別途追加1000円）が可能です

波照間島航路も運航

　石垣島と八重山諸島を結ぶ定期航路を運航しています。波照間島へは1日3便、同社のフェリーだけが就航しています。また、西表島―鳩間島、小浜島―竹富島、竹富島―黒島などの島間航路があり、離島間の移動に便利です。定期運航のほか、島めぐりの日帰り観光ツアーも実施。西表島・由布島・竹富島を周遊する3島めぐりをはじめ、多彩なツアーが用意されています。西表島上原港と大原港、波照間港のターミナルには御船印の空きスペースに押せる来島記念スタンプがあります。西表島ではイリオモテヤマネコ、波照間島では南十字星のデザインで御船印に加えて押印してもらえばオリジナリティあふれる印になります。

御船印

乗船記念
日本最南端
ぱいじま2
令和　年　月　日
日本最南端　波照間島

船の写真の周囲に配されたミンサー柄には、乗客の末永い幸せを願う気持ちが込められています

鳩間港
上原港
石垣港
小浜港
大原港
竹富島
黒島港
波照間港

御船印情報
場所：石垣港、上原港、大原港、黒島港
時間：6：00～18：00、港は船舶が発着する時間内
価格：300円
問い合わせ先：0980-83-0055
https://aneikankou.co.jp/

1 「いりかじ」は大型高速船で旅客定員198名、187ｔ、全長約34ｍの双胴船です　2 波照間島は有人島としては日本最南端。高那崎に碑があります　3 波照間島のニシハマビーチ。トイレ設備あり　4 ゆったりと時間が流れる竹富島

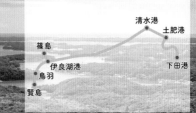

PACIFIC & EAST CHINA SEA
モデルプラン
005
東海地区3泊4日

静岡・愛知・三重をめぐる
風光明媚な駿河湾 & 伊勢湾

伊豆半島の南東部に位置する港町・下田からスタート。富士山を見ながらのクルーズや温泉を楽しみながら知多半島沖に浮かぶ離島にまで足を延ばします。

清水港
土肥港
篠島
伊良湖港
下田港
鳥羽
賢島

このプランでは

7社7枚

Day 1 `10:40` 静岡県からスタート！

下田港内めぐり遊覧船（静岡県下田市）

伊豆クルーズ
10:40～11:00
1500円

乗船待合所で乗船チケットと一緒に購入

御船印

ペリーの黒船がモチーフの「黒船サスケハナ」で、開国の舞台・下田港を遊覧♪

徒歩約2分

`11:02`

道の駅開国下田みなと

レストランやショップ、ハーバーミュージアムとカジキミュージアムもあります

徒歩とバスで約1時間15分
東海バス
13:05（下田）～14:03（堂ヶ島）
1680円

`14:03`

堂ヶ島（静岡県西伊豆町）

堂ヶ島マリン▶
P.61
洞くつめぐり遊覧船
随時運航
（所要時間20分）
1500円

乗船券売り場で乗船券と一緒に購入

御船印

`14:40頃`

堂ヶ島

徒歩約10分

海沿いの景色を楽しみながら、堂ヶ島遊歩道を歩きます

`14:50`

沢田公園

海底火山の噴火で作られた断崖の上には、堂ヶ島の景色を一望できる露天風呂があります

徒歩&バスで約50分
東海バス
16:07（乗浜）～16:47（土肥港）
1240円

`16:47`

土肥港（静岡県伊豆市）

世界一の花時計

ふじさん駿河湾フェリー
▶P.62
17:40～18:55
2000円～

御船印

船内売店で購入

黄金の湯

船の待ち時間で、足湯が楽しめる「黄金の湯」や、直径31mの花時計へ（港から徒歩約15分）

`18:55`

清水港（静岡県静岡市）

11:30 清水港遊覧船 日の出のりば

富士山清水港クルーズ
富士山清水みなとクルーズ
11:30〜12:10
1500円

遊覧船きっぷ売り場で購入 GET 御船印

「ベイプロムナード号」のデッキから、富士山と三保松原をパノラマビューで満喫！

12:10 清水港遊覧船 日の出のりば

バスと鉄道で約3時間30分（乗り換え4回含む）7110円〜

ここから愛知県！

16:00頃 伊良湖港（愛知県田原市）

名鉄海上観光船 ▶P.64 16:05〜16:30
篠島港きっぷ売り場で購入 GET 御船印

16:30 篠島港（愛知県南知多町）

東海の松島

9:00 島内散歩

神明神社

八王子社

歌碑公園（港から徒歩約30分）の展望台からは「東海の松島」と称される景色を見渡せます。特に夕暮れ時がおすすめ！

「神明神社」と「八王子社」は伊勢神宮御遷宮の際に下賜される御古材で作られており、双方を参拝すると恋愛成就の御利益があるといわれています

15:30 篠島港

名鉄海上観光船 15:35〜16:00

16:00 伊良湖港

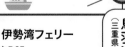

伊勢湾フェリー ▶P.65 16:30〜17:30 1800円〜

船内の売店で購入 GET 御船印

ここから三重県！

17:30 鳥羽港（三重県鳥羽市）

立派な鳥居の先には伊勢神宮があるとか。太一岬に設置された「キラキラ展望台」とともに「恋人の聖地」に選定され、"愛鍵"をかけられるモニュメントが建っています

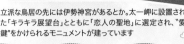

9:00 ミキモト真珠島

世界初の真珠養殖に成功した場所。真珠の博物館やショップ、海女漁の実演を楽しめます
©伊勢志摩観光コンベンション機構

徒歩約3分

11:00 鳥羽水族館

人魚のモデル・ジュゴンを見られるのは日本で唯一、ここだけ！
©伊勢志摩観光コンベンション機構

14:30		15:08		15:09				16:20
中之郷駅		**賢島駅**		**賢島港**				**賢島港**

徒歩約4分

時間が余れば近くの鳥羽城跡に立ち寄っても◎

電車で約40分 560円

駅の2階に「伊勢志摩サミット記念館 サミエール」があります

徒歩約1分

志摩マリンレジャー
賢島エスパーニャクルーズ
15:30～16:20
1800円

船内売店で購入

スペイン語で"希望"を意味する「エスペランサ」に乗って、英虞湾を遊覧♪

※2024年3月の運航表を参考に作成

さらに寄り道

西尾市営渡船

愛知県西尾市一色町と、三河湾に浮かぶ佐久島を約20分で結ぶ定期船。島内では、豊かな自然やアート、島グルメが楽しめます。

御船印情報
場所:佐久島行船のりば 受付窓口
時間:6:00～18:00　価格:300円
問い合わせ先:0563-72-8284
https://sakushima.com/

津エアポートライン

愛知県の中部国際空港と、三重県津市を最短45分で結ぶ高速船。伊勢湾を直線的に進むため、陸路よりも速く・安く移動可能です。

御船印情報
場所:津なぎさまち切符発売窓口
時間:6:00～20:00　価格:300円
問い合わせ先:059-213-6582
https://www.tsu-airportline.co.jp/

堂ヶ島マリン

「グレースⅡ」は定員43名。快適なクルーズが楽しめる高速船です

🎡 神秘的な青の洞くつクルーズ

　西伊豆海岸・堂ヶ島はリアス海岸の変化に富んだ景観が遊覧船で楽しめるスポットです。なかでも人気のコースは天窓洞をクルーズする洞くつめぐり。洞内に入ると丸く抜け落ちた天井から太陽の光が差し込み、とても神秘的な光景が展開します。堂ヶ島マリンでは所要約20分の洞くつめぐりのほか、所要約30分のプレミアムクルーズ、所要約45分のジオサイドクルーズを運航しています。

御船印

洞くつと遊覧船、天窓から差し込む光、海の青さを表現しています（※欠航時には「欠航御免」の御船印の購入も可能）

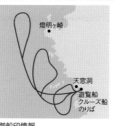

御船印情報
場所:堂ヶ島マリン乗船券売り場
時間:遊覧船運航時の10:00～16:00
価格:500円
問い合わせ先:0558-52-0013
https://dogashimamarine.jp/

1 洞内の高さは147m。丸く抜けた天井から光が差し、海面を青く照らします　**2** 天窓洞は凝灰岩の海蝕洞で天然記念物に指定されています。洞くつめぐりでは南口から洞内に入ります　**3** 岩壁に挟まれたかわご水道を遊覧船はゆっくり進みます

ふじさん駿河湾フェリー

駿河湾を航行する「富士」からは富士山の全景を眺めることができます
「黄金KAIDOプロジェクト」のシンボルとするため2024(令和6)年3月に黄金のフェリーに変身

雄大な富士山を駿河湾から一望

清水港と西伊豆土肥港を約75分で結んでいます。航路は静岡県で初めて海の県道223(ふじさん)号に認定。デッキには県道標識のモニュメントがあり、人気の撮影スポットになっています。また、日本一深い駿河湾をフェリーで渡りながら、日本一高い富士山を望む貴重な体験ができるのも特徴。海岸線からせり上がる山容は雄大そのもので、フェリーならではの絶景といえるでしょう。また、駿河湾では時にイルカやクジラ、トビウオなどが観察できます。サイクリストなら、清水港から土肥港まではフェリー、土肥港から清水港まで太平洋岸自転車道をサイクリングする駿河湾一周サイクリングにチャレンジしてみませんか。

1 潮風が爽快なデッキ。「富士」号は全長83m、最大搭乗旅客414名の高速フェリーです
2 金色塗装前のデザイン

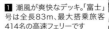

3 2階にはソファでくつろげるオーシャンルーム(有料)があり、見晴らしも最高です

4 貸切の特別室(有料)も完備しています

御船印

日本一高い富士山と日本一深い駿河湾、海の県道223号の標識を配したデザイン

駿河湾一周サイクリング「するいち」に挑戦するサイクリストが浮世絵風に

駿河湾フェリーの航路は江戸時代から船が行き来していた航路と同じといわれており、徳川家の葵紋を配したバージョンも

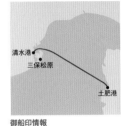

清水港
三保松原
土肥港

御船印情報
場所:船内売店
時間:7:45〜18:55　価格:300円
問い合わせ先:054-340-5223
https://www.223-ferry.or.jp

⚓ 船上のフォトスポット

　デッキに出ると県道233号標識や「船出の鐘」など富士山を背景にSNS映えするスポットがいっぱいあります。海が赤く染まる夕景はすばらしい写真が撮影できると人気。

⚓ フェリーズカフェ

　売店では県道223号にちなんだスイーツやオリジナルグッズが各種揃っています。

5

7

5 船内限定販売の「223(ふじさん)ばうむ」　6 駿河湾ジェラートNo223　7 「とろろあられ」は東海道丸子宿名物自然薯を練り込んだ生地に駿河湾の塩で味付けしています

オリジナルグッズも販売！

駿河湾フェリーピンバッチ（500円）

トートバッグ（1000円）

ステッカーセット（500円）

⚓ 栗田屋

　デッキ後方にある屋台「栗田屋」ではタコ焼きや県道の標識をかたどった「223（ふじみ）焼き」が味わえます。

⚓ 乗り場案内

清水港
静岡市清水区日の出町10-80
※2025年度にJR清水駅前に移転予定

土肥港
伊豆市土肥
2920

葵紋の旗

　フェリーの航路はかつて徳川家康の居城「駿府城」に土肥金山から採掘した金を千石船で運んでいた航路とほぼ同じ。その歴史にちなみ、葵の紋旗をつけて航行しています

名鉄海上観光船

高速船「はやぶさ3」は64t、全長25m 2019（平成31）年1月就航

🚢 三河湾のマリンルートを快適航行

　南知多町には日間賀島と篠島があり、隣の佐久島を含めて「三河湾三島」といわれています。日間賀島と篠島には、高速船は河和港、伊良湖港、師崎港から、カーフェリー（しまゆり）は師崎港からそれぞれ結んでいます。日間賀島は多幸の島、福の島と呼ばれるほど、タコやふぐが有名。また、高さ7mほどのクロマツの枝から下げられたブランコは、「恋人のブランコ」と呼ばれる島を代表する名所です。篠島は旧跡も多く、歴史ある島。「東海の松島」と呼ばれるほど風光明媚で、「日本の夕陽百選」にも選ばれています。しらす漁では日本有数の漁港で、島で取れた鯛は「おんべ鯛」として1000年以上にわたって伊勢神宮へ毎年3回献上されています。

1 カーフェリー「しまゆり」（276t、全長32m）。乗用車が12台積載可能　**2** 高速船「はやぶさ」61t、全長24m、2010（平成22）年
3 高速船「しらさぎ」19t、全長19m、2013（平成25）年7月就航
4 高速船「はやぶさ2」68t、全長25m、2016（平成28）年就航

御船印

篠島港では松島、日間賀島西港では恋人のブランコをデザインした御船印となっています。日付印を押してくれます

御船印情報
場所：篠島港窓口、日間賀島西港窓口
時間：運航時間内　価格：300円
問い合わせ：0569-67-2030（篠島港）、0569-68-3111（日間賀島西港）
http://www.meikaijo.co.jp

恋人の聖地

篠島の太一岬には伊勢神宮遥拝所とキラキラ展望台があり、恋人の聖地に選ばれています。篠島港から徒歩約30分

伊勢湾フェリー

「伊勢丸」2333ｔ、旅客定員500名。車椅子にも対応しています

伊勢志摩・鳥羽と伊良湖を結ぶ最短ルート

　愛知県の渥美半島と三重県鳥羽市を約1時間で結びます。航路は静岡県浜松市から渥美半島を通り、和歌山市にいたる国道42号線の海上区間に指定され、まさに海のバイパスといえるでしょう。所有船舶は「鳥羽丸」と「伊勢丸」「知多丸」の3隻。「伊勢丸」と「知多丸」はバリアフリーに対応しています。伊勢湾と太平洋の大海原を航行するクルーズでは三島由紀夫の小説『潮騒』の舞台になった神島や答志島を望み、ときにはフェリーと並行して泳ぐイルカやスナメリの姿を見ることもあります。鳥羽のりばは海が見えるレストランや伊勢志摩のおみやげコーナーを併設しています。

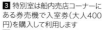

1 「鳥羽丸」は2410ｔで旅客定員490名。100名収容の特別室があります　**2** 「知多丸」は2331ｔ。旅客定員500名　**3** 特別室は船内売店コーナーにある券売機で入室券（大人400円）を購入して利用します　**4** 展望特別室はゆったりしたスペースで太平洋に浮かぶ島々を見ながらくつろげます。船内売店では、お飲み物や伊勢うどん、軽食のほかにオリジナルグッズ（ペーパークラフト・キーホルダー・ボールペン・ハンカチなど）を販売

御船印

海女さんが安全を願う魔除けのお守り「ドーマン・セーマン」とフェリー船体のシンボル「水玉」をデザインした通年販売の御船印

御船印情報
場所：各船内売店
時間：運航時間内
価格：300円
問い合わせ先：0599-25-2880（鳥羽）、0531-35-6217（伊良湖）
https://www.isewanferry.co.jp/

お得なきっぷ

伊良湖発限定 鳥羽水族館 マイカープラン

フェリー乗船券と鳥羽水族館の入館券がセットになったお得なプラン。発売は通年で発売日を含め4日間有効です。例えば普通車なら、往復で運転手1名を含め1万4760円、同乗者大人1名5480円の料金になります

船旅でしか
得られないもの

文・小林 希（こばやし のぞみ）

2011年から世界放浪の旅を始め、2014年『恋する彼女、世界へゆく！―29歳、会社を辞めて旅に出た』で作家デビュー。（一社）日本旅客船協会の公認船旅アンバサダーに就任するなど、島旅や船旅をテーマにマルチに活動中。

　私が船旅にハマったきっかけは、瀬戸内海の島々を旅したときです。船に乗ると、すぐさま地元のお婆さんが、「どこから来たの？」と優しく声をかけてくれました。飛行機内や電車内ではめったにない人との出会い。さらに私が島を出るときは、島で出会った人たちが港まで見送りに来てくれました。やがて船が出港すると、お互いに見えなくなるまで、両腕をぶんぶんと振って別れを惜しんで「またおいで！」「また行きます！」と思いを通わせるひとときとなりました。その思い出と相まって、夕暮れに赤く染まる海の美しさや、潮騒をかき消す海鳥の鳴き声などが今も記憶に残っています。

　旅の価値観は人それぞれですが、私にとって、この上なく尊い旅の時間でした。以降、頻繁に船に乗るようになり、ますます船の魅力を知るようになりました。開放的な空間やゆっくりと過ぎていく時間、船上からしか見られない景色、人と人との交流など、非常に有機的な経験ができる乗り物だと思うのです。

　船は一般的に「揺れる！」「臭い！」といったネガティブなイメージが根強いですが、実はそれらは過去のものへとなりつつあります。

　近年は新造船が続々と登場して、船そのものに揺れや臭いに配慮した設計や技術が取り入れられ、環境に優しいエコシップも開発されてきています。船内デザインにもこだわりが見られ、人工芝が敷かれたデッキや有名なデザイナーが手がけた内装、ユニバーサルデザインを意識した構造や設備の充実など、見た目や居心地のよさも格段に進化しています。

　進化といえば、船旅のデジタル化。例えば、乗船チケットがオンラインで購入でき、購入後に発行されるQRコードがあれば、スマホひとつで乗船できる船が増えてきています。船内ではデジタルサイネージを使った乗船情報や船が発着する地域の紹介などが案内されていることも（多言語に対応も！）。

　なにより、私がいつも感動するのは、船会社や造船所、船に関わる人たちの船への思い。船は1隻ずつに名前があり、わが子のように大切に扱われています。以前、新造船の進水（着水）・命名式に参加したときのこと。名前を授けられ、支綱切断された船が海へと進水し、まさに命が吹き込まれるという儀式で、その日、船が進水した瞬間に曇天の空から太陽が顔を出して船を明るく照らしたのです。神々しく、人智を超えた存在に見守られているようでした。

　造船にしても、単に新しい船を造るというだけでなく、その過程には新しい技術の研究や導入、これまでの技術の継承など、大きな意味と使命が含まれているのです。海に囲まれた日本において、船と人々は一蓮托生の関係で、ともに時代を歩んできました。今、時代は加速気味に変わっていきますが、船の存在の必要性や尊さといったものは、今後どんどんと増していくのではないかと思います。

第 3 章

🌴 島めぐり

日本海・瀬戸内海編

ジオパークの自然に圧倒
隠岐諸島めぐり

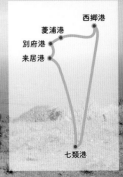

西郷港
菱浦港
別府港
来居港
七類港

隠岐諸島は地質や地形、自然環境から地球の活動がわかるユネスコ世界ジオパーク。遊覧船に乗って海から見る奇岩や絶壁は圧倒的な迫力です。

このプランでは
御船印
4社6枚

Day 1

9:00

七類港（島根県松江市）

隠岐汽船
▶P.71
9:00〜11:25
3510円〜

御船印
七類港チケットカウンターにて、乗船券とともに購入

11:25
ここから島後島!

西郷港（島根県隠岐の島町）

山陰観光開発
かっぱ遊覧船 ▶P.71
事前に電話予約
13:45〜14:30 1500円

御船印
乗船の電話予約時に御船印購入を伝えたうえで、隠岐旅工舎（隠岐ポートプラザ内）へ受け取りに行く

14:35

西郷港

隠岐ドライブレンタカー
約6時間
5000円〜

壇鏡の滝

那久川の上流、岩壁の左右から2本の滝が流れ落ちます。日本の滝百選に選ばれています

屋那の松原・舟小屋群

那久岬

20棟の舟小屋が海沿いに並び、背後には山岳信仰の場であった高田山がそびえます

福浦岸壁または赤崎岸壁

山陰観光開発
ローソク島遊覧船
事前に電話予約 日没に合わせて出航 出航の30分前までに集合
所要時間約50分 3000円

御船印
乗船の電話予約時に御船印購入を伝えたうえで、隠岐旅工舎（隠岐ポートプラザ内）へ受け取りに行く

展望台には明治時代に建造された灯台があり、水平線に沈む夕日が眺望できます

日没後

福浦岸壁または赤崎岸壁

車で約30分港でレンタカー返却

18:30頃

西郷港

Day 2

8:00

西郷港

隠岐汽船
▶P.71
8:30〜10:05
1600円〜

御船印
西郷港チケットカウンターにて、乗船券とともに購入

10:05
ここから西ノ島!

別府港（島根県西ノ島町）

西ノ島町営バス
10:19〜10:42
200円

10:42

浦郷港（島根県西ノ島町）

隠岐観光
国賀めぐり
定期観光船
▶P.70
10:50〜12:20
4000円

御船印
隠岐観光株式会社（浦郷港すぐ）にて購入

12:10

浦郷港

西ノ島町営バス
13:09〜13:34
200円

13:34

別府港

隠岐観光
14:10〜14:36
300円

14:36

ここから
知夫里島!

来居港（島根県知夫村）

観光タクシー
所要時間約1時間30分
1週間前までに要予約
7500円〜

赤ハゲ山

標高325m、頂
上からは島根半
島までの大展望
が開けます

赤壁

高さ200mの絶壁。玄武岩のマ
グマの色が、太古に火口があっ
たことを示しています

16:10

来居港

隠岐観光
16:28〜16:46
300円

ここから
中ノ島!

16:46

菱浦港（島根県海士町）

Day 3

10:00

菱浦港

海士 ▶ P.70
海中展望船あまんぼう
出港の10分前までに観光案内
窓口にてチケットを購入
10:20〜11:10
2500円

海士町観光協会（菱浦
港フェリーターミナル内）
にて購入

GET!
御船印

11:10

菱浦港

レンタサイクル
台数に限りがあるた
め、事前予約推奨
隠岐神社まで片道約
20分
3時間 700円〜

12:40

隠岐神社周辺散策

後鳥羽上皇
崩御700年に
あわせて昭和
14年に創建。
隠岐の歴史を
象徴する神社
です

隠岐神社

海士町後鳥
羽院資料館

鎌倉時代後期の承久
の乱で敗れ、配流さ
れた上皇ゆかりの品
が展示されています

15:00

菱浦港

隠岐汽船
15:15
〜17:55
3510円〜

17:55

七類港（島根県松江市）

さらに寄り道

ぐるっと松江 堀川めぐり

国宝松江城を囲むお堀をゆったり
進む、屋根つきの小さな船です。四
季折々の自然と江戸時代の風情を
味わうことができます。

御船印情報
場所：大手前広場乗船場窓口、ふれあ
い広場乗船場窓口
時間：時期により変動
価格：500円
問い合わせ先：0852-27-0417

海士

海士町の海を海中散歩

　「あまんぼう」は日本海側初の半潜水型海中展望船。菱浦港を出港し、名所「三郎岩」など、海士町の見どころを1時間ほどかけてめぐります。デッキに上がれば海上から三郎岩の巨大な岩塊が間近に見渡せます。デッキから階段を下りれば海中展望フロアです。窓からはゆらめく海藻と魚たちの群れ、季節や時間によってはマダイやブリが見えることもあります。約50分間の海中散歩です。

半潜水型の遊覧船。デッキにはベンチが備わっています

御船印

海中展望船「あまんぼう」の文字と、キャラクター「まんぼうキャプテン」の印がかわいらしい御船印

西ノ島
三郎岩
・カズラ島
菱浦港
海士町(中ノ島)

御船印情報
場所：キンニャモニャセンター内、菱浦港フェリーターミナル1階　観光案内窓口
時間：8:00～18:00
価格：300円
問い合わせ先：08514-2-1000
https://www.oki-ama.org/menu/

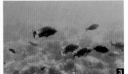

1 4～10月まで運航。冬期・悪天候時は運休。運航は季節や状況により変更がありますが、8:30～14:20（最終便出港時刻）。大人2000円。問い合わせ先：海士町観光協会08514-2-0101　**2** 名勝「三郎岩」を目の前に見ることができます　**3** 海中を泳ぎ回る魚の群れは、なかなか見られない景色です

隠岐観光

西ノ島遊覧の観光船と内航船

　西ノ島の名勝国賀海岸をめぐる定期観光船を2コース運航しています。浦郷港を出発するAコースと、別府港を出発して国賀海岸、東国賀海岸をめぐり浦郷港へ戻るBコース（2024年3月現在は休航中）で、海上から見る通天橋、垂直に切り立った摩天崖は、まさに大迫力。天候と海の状況にもよりますが、明暗の岩屋と呼ばれる狭い洞窟を船で抜けるスリル満点のコースも。観光船ならではの体験です。

御船印

国賀海岸の通天橋と定期観光船の船体を配したカラフルな印です

自然が生んだ造形美を観賞できる定期観光船「くにが」

別府港
浦郷港
西ノ島
中ノ島
知夫里島

御船印情報
場所：隠岐観光株式会社　本社
時間：8:00～17:00
価格：300円
問い合わせ先：0854-7-8412
https://www.okikankou.com/

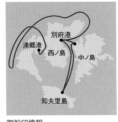

1 西ノ島、中ノ島、知夫里島の島前3島を結ぶ内航船「いそかぜ」と「フェリーどうぜん」も運航しています。「いそかぜ」は別府―菱浦間を約7分、別府―来居間を約17分、菱浦―来居間を約18分で結びます　**2**「フェリーどうぜん」は、別府―菱浦間を約12分、別府―来居間を約31分で結びます。車両は約10台積載可能

隠岐汽船

「フェリーおき」車椅子対応エレベーターなどバリアフリー高度化船

本土と隠岐諸島を結ぶ

島根県松江市の七類港や鳥取県の境港から隠岐諸島までフェリーと高速船を運航しています。本土から西郷港までの乗船時間は高速船が約1時間20分、フェリーは2時間から2時間30分と日帰り観光も可能です。高速船は旅客のみで全席椅子席です。3隻あるフェリーにはそれぞれ絨毯敷きの大部屋や、個室タイプの特等室、船の前側には特別室を備えています。

御船印

文字の背景に社章を使用。シンプルなデザインに仕上げています

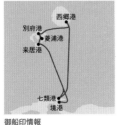

御船印情報
場所：各寄港地乗船券発売窓口
時間：各寄港地乗船券発売時間内
価格：300円
問い合わせ先：08512-2-1122
https://www.oki-kisen.co.jp/

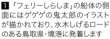
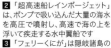

1「フェリーしらしま」の船体の側面にはゲゲゲの鬼太郎のイラストが描かれており、水木しげるロードのある鳥取県・境港に発着します **2**「超高速船レインボージェット」は、ポンプで吸い込んだ大量の海水を高圧で噴射し、高速で海の上を浮いて疾走する水中翼船です **3**「フェリーくにが」は隠岐諸島の雄大な景勝地「国賀海岸」にちなんで命名されたフェリーです

山陰観光開発

ローソク島の夕景を海から見る

隠岐の島町の景勝地といえば、沖合にそびえる高さ20mの奇岩「ローソク島」。先端に夕日が重なる風景は海からでしか望めません。遊覧船は約50分のクルーズで4月から10月までの運航です。舟遊び気分を楽しめるのが「かっぱ遊覧船」。かっぱ伝説と北前船の歴史をもつ漁師町の風景と、島の山々を望みながら遊覧します。港町を海から眺め、かっぱ淵の水神様を訪ねるゆったりした時間が過ごせます。

船からしか望めないローソク島。遊覧船からの感動的な日没が見られます（要予約）

御船印

中央には夕暮れのローソク島の景色を描いています。墨書は神社の宮司さんでもある船長の手書きです

御船印情報
場所：山陰観光開発株式会社
時間：9:00～17:00
価格：300円
問い合わせ先：08512-2-7100
https://okitabi.jp/

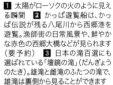

1 太陽がローソクの火のように見える瞬間 **2** かっぱ遊覧船は、かっぱ伝説が残る八尾川から西郷港を遊覧。漁師街の日常風景や、鮮やかな赤色の西郷大橋などが見られます（要予約） **3** 日本の滝百選にも選ばれている「壇鏡の滝」（だんぎょうのたき）。雄滝と雌滝のふたつの滝で、雄滝は裏側から見ることができます

オリーブの島と日本のエーゲ海
小豆島&前島でリゾート気分

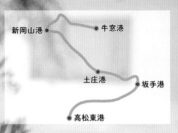

新岡山港　牛窓港
土庄港　坂手港
高松東港

このプランでは
御船印
3社4枚

温暖な気候とオリーブ栽培、穏やかな海、海を染める夕日の絶景から、「日本のエーゲ海」と呼ばれるエリアで休日を楽しみましょう。

Day 1

11:00
高松駅
（香川県高松市）

連絡バスで
約15分

サンポート
高松

海沿いを散歩したり、高松シンボルタワーでショッピング＆ランチをしたり♪

13:50
高松東港
（香川県高松市）

ジャンボフェリー
▶P.74
14:00～15:15
700円

船内で購入

御船印

15:15
坂手港
（香川県小豆島町）

ここから
小豆島！

小豆島
オリーブバス
バスで約5分
15:26（坂手港
ターミナル前）～
15:30（丸金前）
150円

15:30
醤の郷
（ひしおのさと）

醤油蔵が並ぶノスタルジックな町並みを散策しながら、醤油製品や醤油スイーツを堪能！

バスで
約30分

18:00頃
宿泊施設
（池田港周辺）

Day 2

8:10
池田港ターミナル前

小豆島
オリーブバス
8:10～8:40
※季節運行
300円

8:40
紅雲亭
（バス停）

寒霞渓

日本三大渓谷美のひとつ。山頂へはロープウェイで約5分。四季折々の渓谷美を望めます

小豆島
オリーブバス
10:20（紅雲亭）～
10:37
（オリーブ公園口）
※季節運行
300円

10:40
道の駅
小豆島オリーブ公園

オリーブ畑はもちろん、カフェやショップ、多数のフォトスポットがあります

バスと徒歩で約35分
小豆島オリーブバス
15:04
（オリーブ公園口）～
14:03（土庄本町）
300円

14:15 エンジェルロード

干潮時に現れる砂の道。大切な人と手をつないで渡ると願いがかなうといわれています

徒歩とバスで約20分
小豆島オリーブバス
15:15(国際ホテル[エンジェルロード前])～15:28(土庄港)
150円

 15:28 土庄港

国際両備フェリー
▶P.75
15:40～16:50
1200円

 船内または新岡山港売店で購入 GET 御船印

16:50 新岡山港（岡山県岡山市）

岡電バス
17:00～17:32
500円

 17:32 岡山駅前

Day 3   **9:25 岡山駅**

電車とバスで約1時間
9:25(岡山駅)～(邑久駅からバス)～10:22(牛窓)
430円

 10:22 牛窓港（岡山県瀬戸内市）

前島フェリー
▶P.75
10:40～10:45
往復300円

下船後、前島フェリー事務所で購入 GET 御船印

ここから前島! **10:45 新御堂港（岡山県瀬戸内市）**

レンタサイクル
自転車で約20分
4時間
500円～

坂の多い前島は、電動アシスト自転車で!キャベツ畑が広がるのどかな風景をスイスイとサイクリング!1台/4時間 800円

13:00頃 新御堂港

自転車で約20分
レンタサイクル返却
※島に飲食店がないので、自転車返却前に食事のみOKの民宿で昼食を(要予約)

さらに丘を登ると、江戸時代初期に大坂城へ運ぶ石を切り出した採石場跡があります

干潮時しか現れない、前島そばの小さな島々をつなぐ道。黒島へは「前島フェリー」の体験メニューや、シーカヤック体験などでアクセスできます(要予約)

さらに寄り道

雌雄島海運

高松港と、桃太郎伝説の「鬼ヶ島」として有名な女木島や、楽しいアート作品が点在する男木島を結んでいます。

御船印情報
場所：男木港または女木港のチケットカウンター
時間：フェリー出港30分前(女木港は20分前)～出港まで
価格：500円
問い合わせ先：087-821-7912
https://meon.co.jp/

19:00 新御堂港

まえじま夕陽公園は、牛窓港から徒歩約15分、小さなベンチが設けられ、黒島とともに「日本の夕陽百選」に数えられる牛窓の美景が望めます

前島フェリー
19:00～19:05

  下船後、前島フェリー事務所で購入 GET 御船印

19:05 牛窓港

新造船「あおい」は、瀬戸内海の絶景が楽しめるバルコニー個室や足湯のテラスなどを備える

神戸から小豆島、高松を結ぶ

　神戸―小豆島―高松では「りつりん2」と2022年9月に就航した新造船「あおい」が運航しています。客室は和室と洋室の2タイプがあり、客室は電源コンセント付きで自由に使用できます。チャイルドルームや女性専用ルームが用意されているため女性ファンも多く、神戸発の夜行便には1人用のベッド付き個室もあります。"うどん県"行きフェリーならではの特徴が「うどんカウンター」。風味豊かなイリコだしが人気で、グルメ関連のサイトでも高評価です。最上部の展望デッキは、360度の大パノラマで、世界最大級のつり橋「明石海峡大橋くぐり」が楽しめます。

1 3664tの「りつりん2」 **2** 神戸（三宮）―小豆島（坂手）間の小豆島航路は約3時間。小豆島―高松間は約1時間の航行です **3** 2隻で1日8回、明石海峡を通過。季節や時間帯でまったく違う表情の「明石海峡大橋くぐり」が楽しめます

御船印

あおい版は、船舶専門画家のPUNIP cruises氏が、瀬戸内海のリゾートクルーズをイメージして描いたイラスト。りつりん2版は、開くとオリーブの木が飛び出すポップアップカード形式

　　　　　神戸港
　　　瀬戸内海
小豆島
坂手港　　　　淡路島
高松港

御船印情報
場所：同名船内のショップ限定
時間：運航中（ショップ営業時間内のみ）
価格：[あおい]300円、
　　　[りつりん2]1000円
https://ferry.co.jp/

船内グルメ

船内では、うどん県人スタッフが心を込めて作るうどんが楽しめます。オリーブ牛100%カレーうどんなど、オリジナルメニューも充実

国際両備フェリー

豪華客船を思わせるデザイン

岡山県、香川県から小豆島へのフェリーを運航しています。新岡山港ー土庄港を結ぶ岡山航路と、高松港ー池田港を結ぶ高松航路があり、保有するフェリーは4隻。それぞれ足湯や遊具など盛りだくさんの設備があり、家族連れでも船旅が楽しめます。潮風を感じたり、船内で瀬戸内の味覚を味わったりと、瀬戸内海を五感で堪能しながら、贅沢なひとときを。

岡山航路の「おりんぴあどりーむせと」は、水戸岡鋭治氏のデザイン

御船印

フェリーのスタンプに小豆島の観光スポットや航路図を配し、潮風を感じるさわやかなデザイン

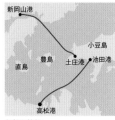

御船印情報
場所：岡山航路部：新岡山港、おりんぴあどりーむせと船内売店　高松航路部：池田港、船内売店（第一こくさい丸・第十一こくさい丸）
時間：航行中　価格：300円
問い合わせ先：050-3615-6352
https://ryobi-shodoshima.jp/

1 展望デッキ（4階）にはミニトレインが走ります　**2** 天然素材のウッドデッキにはブランコが設けられています（※**1 2**は「おりんぴあどりーむせと」）
3 高松航路には2021年に「第十一こくさい丸」が就航。船内では小豆島で製造された調味料を使用しただしがおいしいうどんが味わえます

前島フェリー

牛窓と前島を5分で結ぶ

前島は牛窓沖に浮かぶ離島。「緑島」とも呼ばれるほど松や雑木が茂る緑豊かな島で、島全体が国立公園に指定されています。牛窓港からフェリーに乗船すれば、たったの5分で到着です。フェリーは簡素化された小型船ですが、水面が近くに見え、まるで渡し船に乗っているかのよう。早朝6時から21時まで1日20往復しているので、思い立ったらすぐに渡れ、気軽に島内観光が楽しめます。

「まえじま丸」は138t、旅客定員120名。チャーターも可能です

御船印

波穏やかな瀬戸内海を航行するフェリーのイメージをイラストにしています

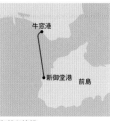

御船印情報
場所：牛窓港観光センター「きらり館」、前島港前島フェリー本社事務所
時間：8:00～17:00
価格：300円
問い合わせ先：0869-34-4356
http://www.maejima-island.info/

1 からこと丸。197tの新造船です。船体のデザインを地元中学生から募集　**2** 黒島ヴィーナスロードは干潮のときにしか現れない砂の道です　**3** 切り絵タイプの御船印（1200円）。風景に透かして写真を撮るときれいです

JAPAN SEA & SETOUCHI REGION
モデルプラン 003
岡山・広島2泊3日

瀬戸内海の日本遺産
石の島と海賊の島めぐり

岡山
伏越港
尾道
白石港
重井東港
金風呂港
瀬戸田港

©岡山県観光連盟

このプランでは **GET 御船印** 2社5枚

江戸時代から採石場として栄えてきた島や村上水軍が活躍した島を訪ねます。史跡めぐりはハイキングやレンタサイクルでアクティブに！

Day 1

8:25

岡山駅（岡山県岡山市）

電車と徒歩で約55分
8:25（岡山駅）〜9:08（笠岡駅）
770円

9:20

伏越港（岡山県笠岡市）

金風呂丸フェリー
▶P.78
9:25〜10:25
550円

船内で購入 **GET 御船印**

10:25

豊浦港（岡山県笠岡市北木島町）

ここから北木島！

島内は徒歩移動

©岡山県観光連盟
豊浦港から徒歩で10分ほど進むと迫力満点の採石場跡が。近くの船着場では「北木のベニス」と称される情緒ある護岸景観が楽しめます

メビウスの輪

豊浦港からすぐの場所にある、北木島特産の花崗岩を使った巨大モニュメントです

北木の桂林

©岡山県観光

石切りの渓谷展望台

©岡山県観光連盟
さらに約10分、現役の採石場があり、高さ約60mの展望台から壮大な景色を堪能できます
※見学可能時間は12:00（土・日・祝11:00）〜13:00

13:10

金風呂港（岡山県笠岡市北木島町）

徒歩約10分

笠岡フェリー
13:10〜13:27
200円

13:27

白石港（岡山県笠岡市白石島）

ここから白石島！

ハイキング往復2〜3時間

大玉岩

はと岩

ハイキングコースには巨岩がたくさんあり、岩に登って島を一望できます

弘法山開龍寺

©岡山県観光連盟
弘法大師が修行したと伝わる開龍寺。巨岩の下の奥の院や、日本初のタイ式仏舎利塔は必見です

地質学上貴重な「鎧岩」は、国の天然記念物。白石島を代表する奇岩です

鎧岩

16:46

白石港

金風呂丸フェリー
16:46〜17:26
※3/1〜9/30の期間限定運航
550円

GET 御船印

17:26

伏越港

徒歩と電車で約50分
17:53（笠岡駅）〜18:28（尾道駅）

ここから広島県！

18:28

尾道駅（広島県尾道市）

Day 2

9:15 **尾道駅前港**

瀬戸内クルージング
▶P.78
9:15〜9:20
650円

船内で購入

御船印

9:20 **重井東港**（広島県尾道市因島重井町）

ここから因島!

レンタカー
※「瀬戸内レンタカー」まで徒歩約25分、または港までの送迎を相談。往復約4時間30分のドライブ

白滝山

村上水軍6代当主、村上吉充が布刈瀬戸の見張り兼信仰の場として観音堂を建立したと伝わります。展望台からは360度のパノラマ絶景が!

因島水軍城

因島村上氏が残した武具や遺品、古文書など歴史資料を展示しています
（9:30〜17:00、本丸資料館330円）

海賊の関所といわれ、すぐ下には女性の願いをかなえてくれるという「鼻の地蔵さん」が干潮時にのみ姿を現します

美可崎城跡

16:20 **重井東港**

瀬戸内クルージング
16:20〜16:44
600円

船内で購入

御船印

ここから生口島!

16:44 **瀬戸田港**（広島県尾道市瀬戸田町）

Day 3

9:00 **瀬戸田港**

島内はレンタサイクルで自転車移動。島の西岸をゆっくり観光しながら往復約7時間のサイクリングを!

元実業家の耕三寺耕三が建てた母の菩提寺が耕三寺です

大理石の庭園「未来心の丘」はフォトスポットとして人気です

白砂のロングビーチが広がる、中国地方屈指の海水浴場「瀬戸田サンセットビーチ」。島内に点在する「島ごと美術館」の作品17点のうち5点がここに設置されています

レモン谷

日本一のレモン産地ならではの観光スポット。レモンの花や果実、香りに包まれます♪

自転車で約25分レンタサイクル返却

17:00 **瀬戸田港**

瀬戸内クルージング
17:00〜
17:44
1300円

船内で購入

御船印

17:44 **尾道駅前港**

金風呂丸フェリー

「第二十一金風呂丸」。状況によっては操舵室、屋上デッキの見学ができます

🚢 笠岡と離島北木島を結ぶ

　岡山県笠岡市と沖合に浮かぶ笠岡諸島を結んでいます。金風呂丸フェリーを運営している瀬戸内中央観光汽船は1898（明治31）年、人と荷物を運ぶ船舶として創業しました。フェリーが就航している北木島は笠岡諸島最大の島、花崗岩の産地として有名です。フェリー乗り場から徒歩約5分の位置には石切りの渓谷展望台があります。島内にはレンタサイクルがあり、採石跡を訪ねる足として最適です。

御船印

日本遺産に認定された石切り場をバックに金風呂丸の船体が配されています

背景は、日本遺産に認定された北木島にある有名なモニュメントをデザイン

御船印情報
場所：船内
時間：運航時間
価格：300円
問い合わせ先：0865-62-2856
https://setouchi-csline.jp/

1「ゴールドフェニックス」。50〜120名でのチャーターにも対応しています。波が静かな瀬戸内を航行。船窓からは瀬戸内の多島美が楽しめます

瀬戸内クルージング

サイクリストが利用しやすいように設計された「サイクルシップ・ラズリ」

🚢 自転車が積めるサイクルシップ

　尾道－瀬戸田の定期航路、尾道－鞆の浦の観光航路を運航しています。尾道からはサイクリストの聖地"しまなみ海道"が延びています。すべてを走らなくても、定期航路を利用すれば気軽にサイクリングが楽しめます。「サイクルシップ・ラズリ」は階段の傾斜を緩やかにするなどサイクリストが利用しやすい設計です。オリジナルマスコットのシトラス坊やのステッカー（3枚組）を船内で販売しています。

御船印

船体のイラストやシトラス坊やが配されたポップでシンプルなデザインです

御船印情報
場所：船内
時間：運航時間
価格：300円
問い合わせ先：0848-36-6113
https://s-cruise.jp/

1 尾道～瀬戸田航路に就航する「シトラス」。黄色い船体が瀬戸田名産のレモンを表現しています
2「ゴールドⅡ」は19t。チャーター船としても利用できます　**3**「ラズリ」はサイクリストにフレンドリーな船。自転車をたたまなくても、そのまま積載できる自転車置き場があります

JAPAN SEA & SETOUCHI REGION
モデルプラン
004
四国・南紀3泊4日

第3章

004

大迫力の渦潮を眺める冒険へ

東京から国生み神話の島へ、
大迫力の渦潮を眺める冒険へ

東京
福良
和歌山
徳島
和歌山

このプランでは **3社3枚**
御船印

淡路島は『古事記』で夫婦神が最初に創造したとされる島。観光のハイライトはうずしおクルーズです。島の文化や自然に触れ、和歌山県に渡ります。

Day 1 19:00

東京港フェリーターミナル（東京都江東区）

オーシャン東九フェリー
▶P.81
東京港発
19:00（月〜土）
※日・祝は
18:00発
船内販売所で購入
御船印

Day 2 14:42
ここから
徳島県！

徳島（沖洲）港（徳島県徳島市）

徳島市営バス
14:42〜15:06
210円

15:06

徳島駅（徳島県徳島市）

眉山は標高290m。ロープウエイで登れ、山頂には展望広場や野鳥観察園園などが整備されています

徳島市内

Day 3 9:00

徳島駅

徳島から淡路島へは大鳴門橋を渡ります。橋は渦潮で有名な鳴門海峡に架かる全長1629mのつり橋です

淡路交通バス
9:00〜10:53
※西淡志知で下車
陸の港西淡まで徒歩
福良行きに乗り換え
1630円

ここから
淡路島！

13:27

福良（兵庫県南あわじ市）

徒歩
3分

11:00

福良港（兵庫県南あわじ市）

ジョイポート淡路島
▶P.82 うずしおクルーズ
12:10〜約1時間
※諸事情で運航時刻が変わることがあります。必ずHPで確認を！
2500円

福良港うずしおショップMARINEにて購入 営業日・出航時間はHPで要確認
御船印

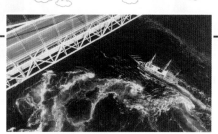
咸臨丸を再現したレトロな船でのうずしおクルーズは、間近に世界最大の渦潮が観察でき迫力満点

13:10

福良港

大鳴門橋が見渡せる丘に建つ「うずの丘 大鳴門橋記念館」。館内には「うずしお科学館」やレストランがあります

うずしおクルーズのあとは、南あわじ市内を観光。江戸時代から約500年の歴史をもつ淡路人形浄瑠璃。淡路人形座では代表的な演目を上演、鑑賞できます

淡路島の最南端にある道の駅「うずしお」は大鳴門橋と夕日がきれいに見えるビューポイントです

淡路島の食材をふんだんに使った淡路島バーガーは大人気!

福良

Day 4　**7:08**

福良

淡路交通バス
7:08〜8:16
※淡路島南ICで
徳島行きに乗り換え
1630円

8:40
ここから再び徳島県!

徳島駅

徳島市営バス
8:40〜9:05
210円

9:05

徳島（沖洲）港

南海フェリー徳島港の待合室には売店や軽食・喫茶コーナーがあります

10:55

南海フェリー徳島港

南海フェリー
10:55〜13:05
2500円

GET!
南海フェリー
御船印
南海フェリー和歌山営業所にて購入

フェリーは淡路島を眺めながら、波が穏やかな紀伊水道を渡り、和歌山港へと向かいます

ここから和歌山県!　**13:05**

南海フェリー和歌山港
（和歌山県和歌山市）

徒歩約1分

13:14

和歌山港駅

南海電車
13:14〜13:19
180円

13:19

和歌山市駅

午後は和歌山市内観光を。市の中心にそびえる和歌山城天守閣からは市街地や紀ノ川が望めます。近くには県立博物館・美術館もあります

古くは万葉集にも歌われた雑賀崎は、美しい町並みで知られる景勝地

提供：和歌山県

カマボコが入るのは、和歌山ラーメンの特色！

17:00
和歌山市駅

南海特急
サザン46号
17:00〜
17:59
970円

17:59
難波駅（大阪市中央区）

ここから大阪府！

徒歩
約7分

18:06
なんば駅

OsakaMetro
御堂筋線
18:11〜18:27
290円

18:27
新大阪駅

JR東海道
新幹線
のぞみ48号
18:45〜21:15
1万3870円

21:15
東京

オーシャン東九フェリー

⚓ シンプルフェリーで快適な船旅

東京を夜出港、徳島に寄港してさらに太平洋を西へ。早朝、新門司港に到着します。客室は全室階段式2段ベッド。女性専用客室もあり、プライバシーに配慮した造りです。海が見える浴室やパウダールーム、ロビーや展望デッキを完備。24時間稼働の自販機にはメニュー豊富な冷凍食品やレトルト食品が並び、食事はいつでもOK。のんびり過ごせる長距離クルーズを堪能できます。

フェリー「びざん」。船名はすべて四国4県にちなんでいます

御船印

フェリーの船体と、コンセプトである「シンプルフェリー」のロゴマークを配したデザイン。裏面はシール

東京港
徳島港
新門司港

御船印情報
場所：各船内案内所
時間：案内所営業時間
価格：440円
問い合わせ先：0570-055-048
https://www.otf.jp/campaign/#campaignList101

1 「びざん」「しまんと」「どうご」「りつりん」の4隻が就航しています（写真は「しまんと」） **2** オーシャンプラザには食品や飲み物などが買える自販機が多数設置されており、広々としたスペースで食事を取ることができます **3** 大部屋はなく、すべてが2等室。2名個室、4名個室のほか、相部屋で8名部屋、16名部屋があります

ジョイポート淡路島

クルーズには幕末に活躍した咸臨丸を再現したレトロな「咸臨丸」が就航

渦潮、明石海峡大橋をめぐる

　うずしおクルーズ、明石海峡大橋クルーズの2コースを運航しています。出発地はともに淡路島です。渦潮は潮流によってできる自然現象で、渦の大きさは直径20〜30mになることもあります。約60分のクルーズでは渦潮の間近まで接近。これほど近くで渦潮を観察できるのは鳴門海峡のクルーズだけです。明石海峡大橋は世界最大級のつり橋。約75分のクルーズではこの橋の下を通過します。海から橋を見上げればその大きさに驚くはず。陸上からはまったく異なる迫力満点の景観が展開します。2コースのクルーズでは船上ガイドが淡路島の歴史や見どころを説明。地元ガイドならではのローカル情報も教えてもらえます。

1

2

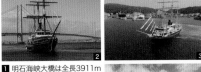

3

4

1 明石海峡大橋は全長3911mのつり橋　2「咸臨丸」は幕末、初めて太平洋を横断しアメリカに渡った蒸気帆船咸臨丸を復元したクルーズ船です　3「新・咸臨丸」は2021（令和3）年に就航　4「日本丸」は貸切やチャーターにも就航

御船印

全部で3種類ある御船印は、いずれも海洋画家・高橋健一氏の作品。大鳴門橋と渦潮を描いた「咸臨丸」（左）と明石海峡大橋を描いた「咸臨丸」（右）

明石海峡大橋クルーズ
——明石海峡大橋
岩屋港
●HELLO KITTY SMILE

うずしおクルーズ
福良港
大鳴門橋

御船印情報
場所：明石海峡大橋クルーズ乗船券売り場
うずしおクルーズ乗船券売り場横うずしおショップMARINE
時間：9：00〜17：00　価格：500円
問い合わせ先：明石海峡大橋クルーズ/0120-587-700
うずしおクルーズ/0799-52-0054
https://www.uzu-shio.com/　https://awajisima-cruise.com/

料金表

	大人 （中学生以上）	子供 （小学生）
うずしお クルーズ	2500円	1000円
明石海峡大橋 クルーズ	2500円	1000円
Web 予約割引	2300円	800円

※Web割引は「明石海峡大橋クルーズ」のみ
※小学生未満は大人1名につき1名無料
※安全上の理由から、子供だけでの乗船はできません

「うずしおクルーズ」の見どころ

航路には平家物語に登場する煙島など、史跡が残る小島も浮かびます

渦潮が発生するのは淡路島と徳島県鳴門市の間にある鳴門海峡

潮流が速くなるほど大きなうずになり、うずが巻いているのは数秒から数十秒

渦潮豆知識

なぜ発生するの？
太平洋（紀伊水道）と瀬戸内海（播磨灘）の潮の干満差で潮流が発生することによりできる自然現象です

見頃は？
1日のうちで干潮と満潮の潮流が最速となる時間帯に最も迫力ある渦潮が発生します

大鳴門橋は淡路島と徳島県を結ぶ全長1629mのつり橋。船はその下を通ります

クルーズでは福良港を出て、鳴門海峡へ向かい、渦潮を見学、福良港に戻ります

船内

新・咸臨丸

2021（令和3）年に就航した「新・咸臨丸」はユニバーサルデザイン。船内にはデジタルを活用したエンターテインメントも各種備わっていて快適

日本丸

4本マストが立つ帆船型のクルーズ船です。チャーター便や貸切に利用されています

「明石海峡大橋クルーズ」の見どころ

最大の見どころは大橋と船が接近、橋の真下を進む瞬間です。マストが橋にぶつかりそうになりながら、通り抜けるスリルを体感できます

明石海峡は船の交通量が多い海峡。地元の漁船や客船とすれ違うことも珍しくありません

食事やおみやげはココ！

クルーズ乗り場に隣接する「淡路島タコステ」では、地元グルメや名産品の買い物が楽しめます

船内

咸臨丸

内装はナラやオーク材を使用したレトロな雰囲気です。1階には「咸臨丸」の艦長・勝海舟に関する資料を展示した資料室もあります

JAPAN SEA & SETOUCHI REGION
モデルプラン 005
広島・愛媛2泊3日

聖地宮島で嚴島神社を参拝
広島湾を周遊する船旅

広島 三原
宮島口 呉港 大久野島
宮島 下蒲刈島
松山観光港

このプランでは
御船印
3社5枚

宮島では嚴島神社参拝と弥山登頂。呉を観光したら、ウサギの島へと渡りましょう。最終日は松山から道後温泉にも立ち寄りたいプランです。

Day 1

8:00
宮島口フェリー乗り場
（広島県廿日市市）

宮島松大汽船
▶P.86
8:00〜8:10
300円
（宮島訪問税込）

出航前に、
切符販売所で購入

GET 御船印

8:10
宮島

嚴島神社参拝後、宮島ロープウェイで弥山の絶景へ

写真提供：一般社団法人広島県観光連盟

11:30
宮島港

瀬戸内海汽船
▶P.87
11:30〜12:15
2200円

船内売店で購入
※宮島-呉は限定運航です。運休のときはいったん広島港まで行き、呉へ向かいます

GET 御船印

12:15
呉港
（広島県呉市）

呉市海事歴史科学館
（大和ミュージアム）

呉市内見学へ。呉は「日本近代化の躍動を体感できるまち」として日本遺産に認定されました。見どころも豊富です

17:00
呉市内

さらに寄り道

まだある！ 見逃せない広島湾の御船印

バンカー・サプライ
「呉湾艦船めぐり（軍港クルージング）」を運航するほか、似島航路（広島市営桟橋〜似島学園桟橋）などの航路を運航。さらに、瀬戸内海島めぐりなどのできる海上観光タクシー（要予約）も運航しています。
御船印情報
御船印公式HPを参照

ひろしまリバークルーズ
広島市内を観光する「川の遊覧船」。船の上から広島を楽しむことができます。
※潮位の関係で運航していないこともあるので要確認
御船印情報
場所：ひろしまリバークルーズ
　　　元安桟橋チケット売り場
時間：10:00〜15:40　価格：500円〜
問い合わせ先：082-258-3188（10:00〜18:00）

Day 2

9:05頃

2日目は
瀬戸内島
めぐり

呉港
（中央桟橋）

シースピカ

▶P.86　9:05〜13:05
瀬戸内しまたびライン
東向きコース
7000円〜8000円（スタンダー
ドプラン）
※運航・料金についてはHPで確
認しましょう

御船印
船内売店で
購入

船から見える音戸の
瀬戸公園は、平清盛
が夕日を招き返して
切り開いたといわれ
る名勝です

9:50

下蒲刈島
（上陸）

下蒲刈島にある
蘭島閣美術館は、
横山大観、小林
古径などの日本
画、洋画などを展
示しています

11:55

大久野島
（上陸）

大久野島は「ウサ
ギの島」として有
名。900羽以上の
ウサギが生息して
います

13:05

三原港
（広島県三原市）

広島へは
JRで移動

広島
（広島県広島市）

Day 3

8:15

3日目は
松山市内
観光！

広島
（広島県広島市）

瀬戸内海汽船 （呉経由）

▶P.87　8:15〜10:55
5000円
※同一航路を石崎汽船で
運航しています。配船は2
社のいずれかになります。
※石崎汽船の御船印も
チェック！

御船印
船内売店で購入

ここから
愛媛県！

10:55

松山観光港
（愛媛県松山市）

松山市内観光へ。
見どころの多
い歴史と俳句、
坊っちゃんの町。
道後温泉にも立
ち寄りたい

名物、坊っちゃん団子

15:20

松山観光港

瀬戸内海汽船

15:20〜18:00
5000円
再び「シーパセオ」で
広島へ。瀬戸内の
海を堪能して帰路
へ！

御船印
船内売店で購入

18:00

広島港
（広島県広島市）

ランチは愛媛の名物
グルメ「鯛めし」をいた
だきたい！

宮島松大汽船

「安芸」は299t、旅客定員800名、乗用車10台積載可能

神の島に渡るフェリー

宮島口と世界遺産「嚴島神社」のある対岸の宮島を約10分で結ぶ航路です。就航しているフェリーは安芸、宮島、厳島、伊都岐の4隻です。快適な乗り心地でしかも環境に配慮、バリアフリーが充実しているのが「安芸」です。船内照明はLEDを使用、操船装置に新技術を導入し、なめらかな旋回を実現しました。4隻ともに船内では宮島の歴史がわかる映像が船内各モニターで上映されます。

[1] 大きな窓の1階席には車椅子8台分のスペースがあります **[2][3]** 2階席は木目調の落ち着いた内装

御船印

乗船記念
宮島松大汽船

嚴島神社の大鳥居のある宮島へ向かって進む船の姿

御船印情報
場所：宮島口、宮島（切符販売所）
時間：7:30〜17:30　価格：300円
問い合わせ先：宮島事務所：0829-44-2171
宮島口事務所：0829-56-0315
https://miyajima-matsudai.co.jp/

宮島口駅
宮島口港
大野瀬戸
宮島港
宮島

シースピカ

濃紺と白を基調とし、金色のラインで瀬戸内の夕景を表現しています

瀬戸内海の魅力に出合う船旅

「SEA SPICA」（シースピカ）は観光型高速クルーザーです。2023（令和5）年開催の広島G7サミットでは要人輸送に使われました。このクルーザーで瀬戸内海の島々をめぐる船旅が「瀬戸内しまたびライン」です。島に立ち寄りながら、広島港と三原港を結ぶ約半日の航路は特に風光明媚なエリアにあります。島の人々との触れ合いも楽しく、多島美に加え、瀬戸内海の多彩な魅力に出合えます。

[1] スピカテラスと名づけられた2階デッキ。中央には瀬戸内海の島々をイメージしたソファが置かれています **[2]** 2階デッキにはおしゃれなチェアを配置 **[3]** ドリンクホルダーを設置した1階床席。景色を楽しめるよう窓側席を3度傾斜させ、背もたれも低くしています。バリアフリー席やスーツケースを置くスペースも確保

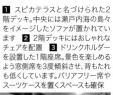

御船印

乗船記念
SEA SPICA
SETOUCHI SHIMATABI LINE

船体写真とロゴ、夕景をイメージする金色を配し、すっきりしたデザインです

御船印情報
場所：SEA SPICA船内
時間：就航時間
価格：500円
問合先：082-253-5501
https://setonaikaikisen.co.jp/simatabi/

広島港
呉港
下蒲刈島
御手洗
三原港
大久野島
瀬戸田
今治

瀬戸内海汽船

「シーパセオ」のデザインコンセプトは"Park on the SETONAIKAI"。2019グッドデザイン賞ベスト100にも選ばれました

広島から瀬戸内を愛媛にわたる航路

広島港から呉港、そして愛媛県の松山観光港を結ぶクルーズフェリー「シーパセオ」、高速船「スーパージェット」や広島港近郊航路などを運航しています。松山へ向かう船は広島港を出港すると江田島、能美島を見ながら、呉港に入港。船上からは海上自衛隊の艦船や潜水艦などを見ることができます。倉橋島と本州との間の海峡「音戸の瀬戸」を抜ければ、松山までは穏やかな安芸灘を航行します。瀬戸内海のクルーズでは船窓から緑の島々と青い海のすばらしい景観が見渡せます。そんな海景を楽しみながら移動する海上公園のような感覚で乗船できるのが、クルーズフェリー「シーパセオ」。さまざまなシートアレンジや心地よいデッキ空間を備え、退屈とは無縁の船旅を体験することができます。

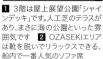

1 3階は屋上展望公園「シャインデッキ」です。人工芝のテラスがあり、まさに海の公園といった雰囲気です **2** OZASEKIエリアは靴を脱いでリラックスできる、船内で一番人気のソファ席 **3** リフレッシュラウンジはカップルや家族で飲食ができるテーブル席を完備しています **4** 「スーパージェット宮島」は、ウォータージェットで航行し、広島、呉、松山を最短所要時間約70分で結びます

御船印

「シーパセオ」のデザイン会社がデザイン。御船印帳に直接押印するスタンプ式です。このほか、「シーパセオ2」「スーパージェット道後」があります

御船印情報
場所：各船内売店、瀬戸内海汽船トラベルサービス本社…9:00～17:30(日・祝日は休業)、瀬戸内海汽船トラベルサービス呉
営業所…9:00～17:00(日・祝日は休業)
時間：フェリー運航時間　価格：500円
問い合わせ先：082-253-1212
http://setonaikaikisen.co.jp/

グルメ情報

「シーパセオ」の売店では人気のうどんや軽食・飲み物を販売。オリジナルドリンク＆スイーツ、「シーパセオ」グッズもあります

JAPAN SEA &
SETOUCHI REGION
モデルプラン
006
大阪・北九州2泊3日

さまざまに変化する多島美の島々
世界文化遺産と
九十九島

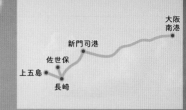

大阪
南港

新門司港

佐世保

上五島

長崎

GET
御船印
このプランでは
4社5枚

緑豊かな島々と青い海が織りなす自然美や雄大な
夕景が堪能できるコースです。廃墟が残る軍艦島
探検やご当地グルメも楽しめます。

Day 1　19:50

大阪南港
（大阪市住之江区）

名門大洋フェリー
▶P.90
19:50～8:30　7320円
（エコノミー通常期）～
※船室、期間によって運賃
は変わります
船内売店にて購入
※【販売時間】19:50 出航便は18:30～
22:30/ 6:40～入港まで

GET
御船印

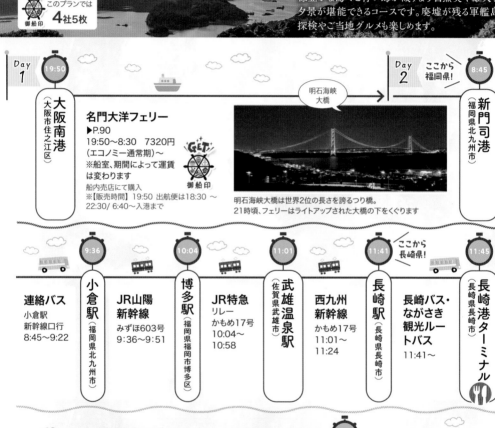

明石海峡
大橋

明石海峡大橋は世界2位の長さを誇るつり橋。
21時頃、フェリーはライトアップされた大橋の下をくぐります

Day 2　8:45
ここから
福岡県！

新門司港
（福岡県北九州市）

9:36

連絡バス

小倉駅
新幹線口行
8:45～9:22

小倉駅
（福岡県北九州市）

10:04

**JR山陽
新幹線**

みずほ603号
9:36～9:51

博多駅
（福岡県福岡市博多区）

11:01

JR特急
リレー
かもめ17号
10:04～
10:58

武雄温泉駅
（佐賀県武雄市）

**西九州
新幹線**
かもめ17号
11:01～
11:24

11:41
ここから
長崎県！

長崎駅
（長崎県長崎市）

**長崎バス・
ながさき
観光ルー
トバス**
11:41～

11:45

**長崎港
ターミナル**
（長崎県長崎市）

やまさ海運
▶P.91
軍艦島上陸周遊クルーズ
13:00～15:30（150分）
4500円＋長崎市施設使
用料310円

GET
御船印

軍艦島クルーズ
切符売り場にて購入

長崎ちゃんぽん
は長崎県発祥と
されます。豚肉、
魚介類、野菜が
たっぷり

軍艦島

軍艦島は今では廃墟となった炭鉱施設です。
日本近代化の遺構として世界文化遺産に登
録されています　　　（一社）長崎県観光連盟

16:00

**長崎港
ターミナル**

五島産業汽船
▶P.91
16:00～17:40（冬期ダイヤ）
17:00～18:40（夏期ダイヤ）
※要予約 ※運賃は変動します。
HPで確認を。
6300円（片道）

発着港各窓口で購入

GET
御船印

17:40

上五島（鯛ノ浦）
（長崎県新上五島町）

生マグロ丼

(一社)長崎県観光連盟
上五島の白草公園からは東シナ海に沈む夕日の絶景が望めます。島の名物は冷凍していないマグロを使った生マグロ丼

さらに寄り道

博多から五島列島へ!
野母商船

御船印情報
場所:博多港、長崎港ターミナル、フェリー「太古」船内
時間:博多港9:00〜17:00、長崎港8:30〜18:00、船内売店営業時間内
価格:500円
問い合わせ先:0570-010-510
※「太古」の御船印の購入は船内でのみ

Day 3

7:45

上五島（鯛ノ浦）

五島産業汽船
7:45〜9:25
（夏期・冬期とも）
※要予約

発着港
窓口で購入 御船印

9:25

長崎港ターミナル

長崎港ターミナルビルには食事処や長崎みやげの売店があります

長崎バス
約10分

10:07

長崎駅

かもめ市場には長崎市内最大級のおみやげゾーンとご当地レストランなど、全56店が揃います
(一社)長崎県観光連盟

長崎本線・大村線
区間快速シーサイドライナー
10:07〜11:57

11:57

佐世保駅
（長崎県佐世保市）

佐世保駅と佐世保港。佐世保は長崎県第2の都市で、佐世保駅は、JRで最西端の駅です

名物は手作りのハンバーガー"佐世保バーガー"。店によって大きさも、レシピもさまざま
(一社)長崎県観光連盟

西肥バス
パールシーリゾート
九十九島水族館行き
12:31〜12:46

12:46

九十九島パールシーリゾート
（長崎県佐世保市）

佐世保湾から平戸までの海域には多くの島が点在し、総称して九十九島と呼ばれています。海と島が創る景勝地です

(一社)長崎県観光連盟

九十九島パールシーリゾート
九十九島遊覧船
▶P.92

御船印

14:00〜（通常便は10:00からほぼ
1時間間隔で運航。所要約50分）
大型船・小型船それぞれ出向時間が
異なります。HPで確認しましょう
1800円

遊覧船ターミナル内
発券窓口で購入
営業時間 9:00〜17:00

九十九島の島々を間近に見ながら、約50分
のクルージングを楽しみましょう
(一社)長崎県観光連盟

夕日も
きれい！

17:14

18:00

20:03

ここから
佐賀県！

22:53

| 徒歩 約2分 | パールシーリゾート 九十九島水族館 | 西肥バス 17:03〜17:24 300円 ※「九十九島パールシーリゾート」から佐世保まではさまざまなバスルートがあります。HPなどで確認しましょう | 佐世保駅 | JR特急 みどり (リレーかもめ) 50号 18:00〜19:27 | 新鳥栖駅 (佐賀県鳥栖市) | JR新幹線 さくら572号 20:03〜22:53 | 新大阪駅 (大阪府大阪市淀川区) |

名門大洋フェリー

「フェリーおおさかII」は、全長183m、全幅27m。23.2ノットで航行します

瀬戸内海の快適なフェリー旅

　社名の"名門"はかつて名古屋と門司を結ぶ航
路を開設していたことに由来します。現在は大阪
南港と新門司港を約12時間30分で結んでいま
す。大阪南港を夕刻に出港すればライトアップさ
れた3大架橋の夜景（瀬戸大橋は土日のみ）が、
新門司港を夕刻出港すれば早朝の明石海峡大
橋が望めます。レストランでは40種類以上の料理
が並ぶバイキングが楽しめます。

御船印

フェリーの画像を背景に、船
名は高級感ある金文字・箔押
しのこだわりのデザイン

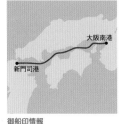
大阪南港
新門司港

御船印情報
場所：船内売店
時間：1便16:00〜21:30、4:30〜入港、
2便18:30〜22:30、6:40〜入港
価格：500円　問い合わせ先：旅客営業部06-6449-7158
https://www.cityline.co.jp/archives/416

1 2021（令和3）年に就航した「フェ
リーきょうと」。バリアフリー設備は、
公益財団法人交通エコロジー・モビ
リティ財団から助成を受けています
2 過ぎゆく美しい夜景を眺めながら、
ゆったりとした時間が過ごせる展望ラ
ウンジ。大阪南港を夕刻に出港すれば
ライトアップされた明石海峡大橋の光
景を堪能できます **3** 瀬戸内海が見
える展望レストランでは季節ごとに旬
を味わうフェアを開催

五島産業汽船

双胴船「びっぐあーす」。トイレにはオストメイト用流し台やオムツ交換台を備えています

 ### 高速船で長崎から五島列島へ

　五島列島の北側に位置する上五島は世界文化遺産に登録された教会が点在するエリアです。高速船は長崎港と上五島の鯛ノ浦港を約1時間40分で結びます。高速船「びっぐあーす」は自販機を完備、バリアフリー設備も整っています。2023（令和5）年10月には創立5周年を記念して、公式マスコットキャラクター「かんころポチ」を発表。SNSやホームページなどに登場しています。

御船印

乗船者限定販売の印は金の箔押し、島の花ツバキと世界遺産の教会をデザイン

御船印情報
場所：長崎・鯛ノ浦港ターミナル
時間：7:00〜17:00　価格：500円
問い合わせ先：095-820-5588（長崎港）、0959-42-3939（鯛ノ浦港）
https://www.goto-sangyo.co.jp/

1 Ｖ（ファイブ）アイランドは定員79名、58ｔ。椅子席・絨毯席あり。外装は地元・長崎のサッカーチーム「Ｖ・ファーレン長崎」応援仕様　**2** 鯛ノ浦港内に浮かぶ三角島には鯛ノ浦神社が鎮座し、秋の例大祭では大漁旗を掲げた漁船で港内がにぎわいを見せます　**3** 鯛ノ浦港ターミナル内にある羽黒屋ではかんころ餅など五島列島の特産品を販売

やまさ海運

軍艦島航路には2隻の高速遊覧船を使用。安全・快適なクルーズが楽しめます

軍艦島周遊と長崎港めぐり

　軍艦島（端島）は長崎港の南西約20kmに位置する人工の島。かつて海底炭鉱の産地として最盛期には5300人が暮らしました。現在は無人島となりましたが、当時を物語る施設が数多く残ります。クルーズでは島に上陸して島内を探検します。ほかに同社では長崎台場群や造船所をめぐり、海から街並みを眺める「長崎港めぐり」、島原と大牟田を結ぶ高速船「三池島原ライン」を運航しています。

御船印

背景は海から眺めた軍艦島の姿。軍艦島は世界文化遺産に登録されています

御船印情報
場所：長崎港ターミナル切符売り場
時間：9:00〜17:00
価格：500円
問い合わせ先：095-822-5002
https://www.yamasa-kaiun.net/

1 軍艦島への観光が解禁されたのは2000（平成21）年。同社が最初にツアーを主催しました。ツアーには事前予約が必要です　**2** 軍艦島に向かうマルベージャ3は定員221名以上　**3** 長崎港めぐり（要予約）に使用する新・観光丸は幕末に活躍した観光丸の復元船です

九十九島パールシーリゾート

海の女王をイメージした「パールクィーン」。バリアフリー設備も整っています

☸ 世界で最も美しい湾を周遊

　九十九島とは無数の島という意味です。佐世保湾の外側から平戸までの約25kmの海域には208の島々が点在。複雑に入り組んだリアス海岸と島々が織りなす自然景観が広がり、フランスに本部をおく「世界で最も美しい湾クラブ」に加盟認定されました。大パノラマで楽しめる、海の女王をイメージした「パールクィーン」や、海や景色を間近に体感できる「リラクルーズ」、開放的なデッキで非日常を味わえる、安定性に優れた双胴船「99TRITON」など、九十九島の美しい景観を楽しめるクルージングメニューが豊富。夕日でオレンジ色に染まる海と、点在する島々をゆったりと眺める、期間限定で運航するサンセットクルーズも必見です。

御船印

2種類を販売。ふたつの印を合わせると、九十九島の象徴である「オジカ瀬」を中心とした島影がひとつの背景となるデザインです

御船印情報
場所：遊覧船ターミナル内発券窓口
時間：各船の最終出航時刻による
価格：500円
問い合わせ先：0956-28-1999
https://www.pearlsea.jp/

1 期間限定のサンセットクルーズ　**2** 大型の遊覧船では通ることのできないコースをめぐる「九十九島リラクルーズ」　**3** カタマランヨット「99TRITON」での遊覧も実施　**4** 西海国立公園の九十九島は島の密度が日本一といわれています

第 4 章

時間をかけて長距離をめぐる

とことん船旅

LONG VOYAGE
モデルプラン
001
神奈川・福岡・兵庫3泊4日

横須賀〜門司〜神戸
国際港湾都市をめぐる

このプランでは
5社6枚
御船印

横須賀、門司、神戸の3港湾都市を2泊3日でめぐります。宿泊は長距離フェリーを利用。海を見ながら入浴して、ゆったりと船旅を楽しみましょう。

新門司港　神戸港　横須賀　猿島

© 一般財団法人神戸観光局

Day 1

7:35

品川駅（東京都港区）

京浜急行
特急
三崎口行

8:29
ここから
神奈川県！

横須賀中央駅（神奈川県横須賀市）

徒歩
約15分

8:45

三笠公園

記念艦 三笠
▶P.96
営業時間
9:00〜17:30(4〜9月)
※3月・10月は〜17:00、
11〜2月は〜16:30

記念艦「三笠」売店にて購入

GET
御船印

日本海海戦で活躍した戦艦「三笠」が記念艦として保存公開され、操舵室や最上艦橋などが見学できます

10:30

三笠ターミナル／猿島ビジターセンター

徒歩
約1分

トライアングル(猿島航路)
10:30〜10:40(片道約10分)
※往復乗船料2000円
(猿島公園入園料を含む)

三笠ターミナル
(チケットカウンター)で購入

GET
御船印

猿島は東京湾に浮かぶ無人島。島内にはれんが積みのトンネル、砲台跡など旧日本軍施設が残っています

12:00
頃

三笠ターミナル／猿島ビジターセンター

横須賀市内散策

出航まで時間はたっぷり。横須賀市内でのんびり……

どぶ板通りは日米が融合した独特の雰囲気が感じられる商店街です。バーやスカジャンの店などが並びます

トライアングル
"軍港めぐり"では船の上から、アメリカ海軍や海上自衛隊の艦船を間近に見ることができます

GET
御船印

汐入ターミナルで
【軍港めぐり】の御船印を購入

22:45

横須賀フェリーターミナル

東京九州フェリー
▶P.97
23:45〜翌21:00
月〜土（日曜・祝日※運休）
1万4000円〜（片道税込）
※基本運賃に加えて、ルームチャージ料金がかかります
※運賃は期間によって異なります。HPで確認しましょう

GET 御船印
船内ショップにて購入

フェリーの客室はデラックスからツーリストまでさまざま。海を見ながら入浴できる露天風呂を完備

Day 2

ここから福岡県！

21:00

新門司港
（福岡市北九州市）

Day 3

門司・小倉観光
神戸へ渡るフェリーの出航時刻までほぼ1日。ゆっくりと門司港レトロ地区や小倉を観光しましょう。門司港から小倉までは鹿児島本線で十数分です

小倉城

細川忠興が築城した小倉城の再建です。5階建ての天守閣に上れば、市街が一望できます

門司港レトロ地区には門司港駅や旧門司三井倶楽部など、明治・大正時代の面影を残す洋館が建ち並びます

JR門司港駅

©福岡県観光連盟

18:40

新門司港

阪九フェリー
▶P.98
18:40〜7:10※金・土は20:00出航
7480円（スタンダード和室）〜
※運賃は期間・客室によって異なります。HPで確認しましょう
船内案内所にて購入
神戸航路の受付時間／日〜木　19:30〜21:30、金・土　20:30〜22:30

GET 御船印

Day 4

7:10

ここから兵庫県！

神戸港
（兵庫県神戸市）

横浜と並んで日本を代表する国際港湾都市「神戸」で1日ゆっくりと観光しましょう！

©一般財団法人神戸観光局

神戸クルーザー
▶P.96
ランチクルーズ「コンチェルト」
12:00〜14:00（120分クルーズ）
※料金はメニューによって異なります
※このほかにもさまざまなクルーズプランがあります
コンチェルト船内にて購入

GET 御船印

さらに寄り道

神戸には御船印がもらえる船や施設が数多くあります
・神戸ベイクルーズ
神戸港内を40〜50分で一周
・神戸シーバス
神戸空港、ポートアイランドを遊覧
・神戸関空ベイシャトル
神戸空港と関西国際空港を結ぶ
・神戸海洋博物館
海・船・港の歴史と神戸の未来を体験できる総合博物館です
・カワサキワールド
船舶などを製造する川崎重工グループの博物館です
・兵庫津ミュージアム
歴史ある港「兵庫津（ひょうごのつ）」にちなんだ歴史博物館です

16:16

ここから東京都！

新神戸駅

JR山陽・東海道新幹線
のぞみ100号
16:16〜
18:57
1万5490円

18:57

東京駅

記念艦三笠

⚓ 日本海海戦で活躍した戦艦

「三笠」は1902(明治35)年、英国で竣工された軍艦です。1904(明治37)年の日露戦争では東郷平八郎連合艦隊司令長官のもと、対馬沖でロシア海軍のバルチック艦隊と戦い、歴史的勝利を収めました。これを記念し、1926(大正15)年に保存され、三笠公園で本物の姿を見ることができます。艦内に入り、東郷司令長官が戦闘の指揮を取った最上艦橋、司令塔、操舵室などの見学も可能。

国の独立を守った象徴として艦首を皇居に向けて固定されています

三笠公園
神奈川
歯科大
小川町
諏訪小
横須賀
市役所
京急本線
16
横須賀中央

御船印情報
場所:記念艦「三笠」売店
時間:4月~9月 9:00~17:30(3月・10月~17:00、11月~2月~16:30) 価格:550円(税込) 問い合わせ先:046-823-2425
https://www.kinenkan-mikasa.or.jp/

1 艦首には艦首飾り(菊御紋章)。周辺は公園として整備されています **2** 艦内では長官公室などが見学できるほか、中央展示室ではVR日本海海戦を公開、自由に視聴できます **3** 最大射程約1万m、30cm主砲が4門装備されています

神戸クルーザー

⚓ ライブとグルメの優雅な時間

真っ白な船体が豪華な「コンチェルト」と「ルミナス神戸2」で、クルーズしながらランチやディナーが楽しめます。出港は神戸ハーバーランドのモザイク前から。供されるのは地元産野菜や魚介類、神戸牛を使った贅沢なコース料理とティーメニューで、常に旬の味が用意されます。グルメに加え、毎日毎便、クラシックやジャズのライブを開催。船内にはゆったりとした優雅な時間が流れます。

青い海と空にくっきりと映える白い船体の「コンチェルト」

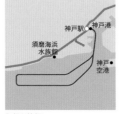

神戸駅 神戸港
須磨海浜
水族館
神戸
空港

御船印情報
場所:船内インフォメーション
時間:就航時間
価格:300円
問い合わせ先:078-360-5600
https://thekobecruise.com/

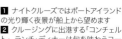

1 ナイトクルーズではポートアイランドの光り輝く夜景が船上から望めます **2** クルージングに出港する「コンチェルト」。ランチ・ディナーは旬を味わうコース料理を提供しています。船内にはグランドピアノを完備。良質の音響でライブが楽しめます **3** ナイトクルーズでは、七色に彩られる明石海峡大橋の夜景が見どころです

東京九州フェリー

全長222.5m、1万5515t、旅客定員268名の「はまゆう」

⚓ 移動時間を楽しめる充実した船内施設

　横須賀港から新門司港まで約21時間で運航します。就航しているのは横須賀市の花から名づけられた「はまゆう」と北九州市の花ひまわりから名づけられた「それいゆ」の2隻。いずれも航海速力28.3ノット（時速約52km）の高速で走ります。客室はテラス付きの個室からカプセルタイプまで選べます。レストランでは関東と九州の地元食材を生かした季節メニューを提供、船上バーベキューが味わえるコーナーもあります。最上階には展望浴室と露天風呂、海を見ながら癒やしの時間が過ごせます。また、映画やプラネタリウムが鑑賞できるスクリーンルームも完備。目的地到着まではあっという間です。

御船印

各船名の由来になった花をモチーフにした、華やかでかわいらしい御船印。船長の直筆サイン入りです

御船印情報
場所：各船内ショップ
時間：ショップ営業時間
※各船の限定絵柄のみ販売
価格：300円
問い合わせ先：横須賀／046-812-9110、新門司／093-330-3000
https://tqf.co.jp/

1 客室デラックスは全2室。バス・トイレ、各種アメニティ、専用テラスを完備。高級感のあるインテリアです **2** 船の前方に設けられた「フォワードサロン」。大きな窓からは航海中の景色が望めます **3** スクリーンルームはビーズクッションが配され、ゆったりと映画やプラネタリウムが鑑賞できます **4** ランニングマシーン、コードレスバイクを完備したスポーツルーム。海を見ながらのエクササイズが可能

新造船「やまと」「せっつ」は、全長195m、全幅29.6m、定員663名、1万6292tの大型フェリー

🚢 充実の客室と施設はまるでクルーズ船

　阪神地区と北九州を結び、泉大津港―新門司港間には「いずみ」「ひびき」、神戸港―新門司港間には「せっつ」「やまと」が就航。いずれのフェリーにも客室はバス・トイレ付きのロイヤル、スイートのほか、バリアフリーの洋室、ファミリーに最適の4名部屋などさまざまなタイプがあります。共有スペースには授乳室やキッズルームも完備。開放的なレストランでは、九州各地のブランド魚を日替わりで提供しています。阪九フェリーのマスコットキャラクターは子猫の"ふねこ"。門司港で迷子になり、フェリーにすみ着いたという設定です。売店ではかわいい"ふねこ"グッズを販売しています。

1「やまと」よりひと足先に就航した「せっつ」　**2** 7階には星空や橋が見渡せる無料の展望大浴場・露天風呂を備えています。海を見ながらの入浴は爽快さ満点　**3** おすすめグルメは、アツアツのステーキ鉄板や船ごとの季節メニュー、九州のブランド魚のお刺身。九州各地から取り寄せた魚介類が味わえます

御船印

船ごとに港の観光地や風物詩、航海中の瀬戸内の島々の風景を映し出しています●やまと：瀬戸内／オリーブ公園の風車・瀬戸大橋と島々・六島灯台●いずみ：大阪・通天閣・だんじり祭り・大阪城

神戸港
泉大津港
新門司港

御船印情報

場所：各船案内所
時間：泉大津航路18:00～21:30神戸航路19:30～21:30(日～木)、20:30～22:30(金・土)　価格：300円
問い合わせ先：093-481-6581
https://www.han9f.co.jp

阪九フェリーのふねこ × NEJI CHOCO LABORATORY

NEJI CHOCO LABORATORYは、北九州市にあるスイーツ店グランダジュールが手がけるネジチョコ工場。製鉄の町として成長してきた北九州らしいおみやげを作りたいという思いから生まれたのが、実際に回せるネジ型チョコレート「ネジチョコ」です。阪九フェリーのふねこのネジチョコが購入できるのは、フェリー船内だけ。船旅の記念になる、特別なおみやげです

ぐるっと東日本

マイカーで行く、太平洋から日本海ひとめぐり

北海道、栃木そして福島へとぐるっと周遊。離島、秘境を訪ね、フェリーにも遊覧船も水陸両用車にも乗れるという盛りだくさんの船旅です!

GET
このプランでは
9社9枚
御船印

地図ラベル: 小樽、苫小牧、奥尻島、江差、福島町、大沼公園、新潟、湯西川、奥只見、小名浜、大洗

Day 1

13:00頃

東京都内

首都高速道路、北関東自動車道経由「水戸大洗IC」から国道51号
所要2時間程度

ここから茨城県!

15:00頃

大洗フェリーターミナル（茨城県大洗町）

船の出発まで大洗観光を。神磯に立つ鳥居で知られる大洗磯前神社や大洗水族館などは、フェリーターミナルからも近いので、この機会に訪ねてみては

19:30

大洗フェリーターミナル

御船印

商船三井さんふらわあ（北海道航路）▶P.105
19:45〜13:30（夕方便）
旅客運賃9500円（ツーリスト）〜
乗用車運賃3万4000円（5m未満）〜
※運賃は車種、期間によって変わります。必ずHPなどで確認を!
所要17時間45分
船の案内所・売店にて購入

さんふらわあには展望浴室やサウナが完備。くつろぎの船旅が楽しめます

Day 2

11:30 ここから北海道!

苫小牧西港フェリーターミナル（北海道苫小牧市）

国道276号から北海道縦貫自動車道、道央自動車道経由
所要約3時間

北海道ドライブを楽しみながら、大沼公園を目指そう!

17:00

大沼公園（北海道七飯町）

Day 3

大沼遊船
▶P.103
9:00〜9:30 所要約30分
1460円
運航は4月中旬〜11月下旬
出航時間は不定期運航あり。
HPで確認しましょう

遊覧船乗り場で購入 御船印

大沼国定公園は大小の湖沼が点在する自然公園。遊覧船からは駒ヶ岳の山容も望めます

9:45

大沼公園

道道338号、国道228号、道道532号経由
所要約2時間

11:45

岩部クルーズ（北海道福島町）

岩部クルーズ
▶P.103　12:45～14:00
所要約75分　3000円
※岩部クルーズは完全予約制です。
電話かメールで事前予約しましょう
※11月～3月は運航していません

GET 御船印

岩部クルーズ受付所
（岩部地区交流センター）にて購入

クルーズでは高さ200mもの断崖や奇岩の絶景に圧倒されるはず。幻想的な青の洞窟へも進入します

16:00頃

江差（北海道江差町）

Day 4

江差周辺観光
江差町は「日本で最も美しい村」連合に加盟。見どころいっぱいの町です

江差港から防波堤を歩いて行けるかもめ島。島の手前には高さ10mの瓶子岩があります

民謡「江差追分」発祥の地である江差町。江差追分会館では百畳敷ホールで全国大会優勝者や師匠が歌う江差追分を聞くことができます

12:00

江差港フェリーターミナル（北海道檜山振興局）

ハートランドフェリー
（江差～奥尻航路）
▶P.124　12:00～14:10
旅客運賃3350円（2等）～
自動車航送運賃1万6070円（3m未満）
※奥尻航路の運航時刻は時期によって変わります。必ずHPで確認してください

フェリーでももらえる奥尻島シール

GET 御船印

カランセ奥尻船内売店にて購入

12:00頃

ここから奥尻島!

奥尻島フェリーターミナル（北海道奥尻町）

なべのつる（取っ手）のような形をしたなべつる岩は奥尻島のシンボル的な奇岩です

海を見ながら島をドライブしたら夕方は西海岸へ。夕日と奇岩のビューポイントです

特産品はウニ。さっぱりした甘味が特徴です。ウニ丼のほか、ウニ蕎麦も好評

奥尻島

Day 5

7:00 奥尻島フェリーターミナル

ハートランドフェリー

7:00〜9:10
※運航時刻は時期によって変わります。必ずHPで確認してください

9:10 江差港フェリーターミナル

国道227号、国道67号、道央自動車道、国道5号、国道267号、国道229号、岩内から再び国道5号
所要約4時間

13:30 小樽（北海道小樽市）

小樽運河クルーズ
▶P.108
14:30〜15:10 所要約40分
デイクルーズ1800円
ナイトクルーズ2000円
※運航便数は時期ごとに変動します。必ずHPで確認しましょう

小樽運河クルーズ　発券所にて購入　御船印

小樽市内観光
車を離れて徒歩で観光も風情があって楽しい！

おみやげは北一硝子でガラス製品を。運河沿いには旧小樽倉庫を利用した小樽市総合博物館運河館があります

小樽運河の北運河はノスタルジックな雰囲気が残り、ガス灯がともる夕景はロマンティック

17:00 小樽フェリーターミナル（北海道小樽市）

小樽中心地から車で約5分

新日本海フェリー（新潟〜小樽航路）
▶P.106　17:00〜9:15
旅客運賃8500円（ツーリストC）〜
乗用車航送運賃2万400円（3m未満）〜　※詳しい運航スケジュールは、HPを確認しましょう

船内にて購入　御船印

Day 6 ここから新潟県！

9:15 新潟フェリーターミナル（新潟県新潟市）

夏なら、フェリーから積丹岬や神威岬を見ることができます

国道17号から北陸自動車道、関越自動車道「小出IC」から国道352号、奥只見シルバーライン（冬期通行不可）所要約2時間40分

11:55 奥只見湖遊覧船乗り場（新潟県魚沼市）

奥只見湖遊覧船
▶P.109
12:30〜（奥只見周遊コース）
9:30〜15:30（毎時30に出向）所要時間30〜40分
1200円

奥只見湖遊覧船乗り場で購入　御船印

奥只見湖は国内最大級の人造湖。2000m級の山々に囲まれた秘境です。遊覧船からの眺望は絶景

さらに寄り道

佐渡汽船
場所：各港、カーフェリー船内
時間：営業時間内
価格：300円〜
問い合わせ先：025-245-7511

粟島汽船
場所：粟島港
時間：7:30〜17:00
価格：500円
問い合わせ先：0254-55-2131

14:00

奥只見湖遊覧船乗り場

奥只見シルバーライン、県道50号、国道352号、県道249号
所要約3時間30分
※冬期は通行止めになります

奥只見シルバーラインは全長22km。そのうち18kmがトンネルという、国内では珍しい道路です

17:30 ここから栃木県！

道の駅湯西川（栃木県日光市）

道の駅湯西川は湯西川温泉の入口に位置。天然温泉が楽しめる道の駅です

Day 7

9:15

湯西川温泉

道の駅湯西川

ダックツアー
▶P.110
9:15〜10:35頃
所要時間70〜80分
3500円
期間：4月中旬〜11月末

湯西川ダックツアー受付窓口で購入

御船印

湯西川湖にダイブするダックツアーにはダム施設の見学も含まれています

10:45

道の駅湯西川

国道121号を北上。上三依（かみみより）から国道400号を進み西那須野塩原ICから東北自動車道、矢吹ICからあぶくま高原道路を平田西ICで降り、国道42号49号を経て、磐越自動車道、常磐自動車道を進みいわき湯本ICを降りる
所要時間3時間

いわきマリンタワーは約60mの展望塔。海抜106mの展望室からは市街が一望できます

13:45 ここから福島県！

小名浜港

小名浜デイクルーズ
▶P.110
※所要時間約50分
※1日3便程度
1650円（土日祝は1800円）
※不定期就航のため、必ず事前にHPなどで確認してください

サンシャインシーガルチケットカウンターにて購入

御船印

おみやげ探しや食事は「いわき・ら・ら・ミュウ」で。魚介類市場もある物産センターです

東北最大級の体験型水族館「アクアマリンふくしま」。800種を超える生物を展示

17:00

小名浜

いわき勿来ICから常磐自動車道、首都高速
※所要時間約3時間

ここから東京都！

20:00

東京都内

大沼遊船

⚓ 駒ヶ岳を眺めながら大沼遊覧

　大沼・小沼湖は駒ヶ岳の火山活動によって生まれた湖です。湖岸が入り組み、無数の小島が浮かぶことから、「湖の松島」とも呼ばれています。遊覧船は島々をぬって約30分で湖をめぐります。船上から眺める駒ヶ岳は雄大そのもの。ほかにも手漕ぎボート、スワンボートを保有。遊覧船が運休中の冬にはワカサギ釣りが楽しめるなど、さまざまなアクティビティが体験できます。

駒ヶ岳の雄姿を見ながらの湖上遊覧は4月中旬から12月初旬まで運航

御船印

大沼と駒ヶ岳の姿に、船名と船の姿を描いた御船印は、全部で5種類。同時に購入するとオリジナルクリアファイルがもらえます

御船印情報
場所：遊覧船乗り場（4月〜11月）
　　　ボートハウス(12月〜3月)
時間：9:00〜16:00（季節により変動あり）
価格：500円　問い合わせ先:0138-67-2229
https://www.onuma-parks.com/

1 100以上の小島が浮かび、独特の景観を作り上げています。湖岸には1周14kmの周遊道路が設けられています **2** 駒ヶ岳や小島を眺めながら、湖を遊覧します **3** 「おおぬま」「呉竹」「第二おおぬま」「はまなす」「渚」の5隻を保有

岩部クルーズ

⚓ 道南の秘境、岩部海岸

　切り立った断崖、奇岩が連なる岩部海岸は海からしか訪れることができない道南の秘境。そんな絶景を海上から堪能できるのが岩部クルーズです。クルーズでは岩部漁港からツヅラ沢まで片道約4kmの航路をおよそ75分で周遊。絶景スポットでは乗船スタッフが歴史や伝説をガイドしてくれます。青の洞窟への進入や野生動物、海の生物との出会いなど、冒険心が満たされるクルーズが体験できます。

本格的なグラスボート「ROSE WOOD」が就航。海中風景も楽しめます

御船印

青の洞窟とロゴのハヤブサを配し、水墨画で手書きされたデザインです

御船印情報
場所：北海道福島町　岩部地区交流センター
時間：運航日の9:00〜15:00頃
価格：各500円
問い合わせ先:0139-46-7822
https://iwabecruise.com/

1 青の洞窟。洞内は奥行き約80m、横幅最大約45m、高さ約12mの広さがあり、神秘的な青の世界が広がります **2** グラスボートでは透き通った海中の魚やウニなど、海の生態系を直接のぞき込むことができます **3** クルーズではハヤブサをはじめ、野生動物にも出会えます

商船三井さんふらわあ（関西―九州航路）

「さんふらわあ くれない・むらさき」は環境に優しいLNG燃料で大阪－別府間を運航中

満天の星、洋上から望む朝日

　商船三井さんふらわあは、2023（令和5）年、商船三井フェリー㈱と㈱フェリーさんふらわあの合併で誕生しました。航路は1912（明治45）年、大阪商船が大阪―別府航路を開設したのが始まり。現存の航路では最も長い歴史を有します。関西から九州へは3航路あり、2023（令和5）年には、日本初のLNG燃料フェリー「くれない」「むらさき」が就航。どの船もカップルやグループ、ひとり旅、女性などあらゆる旅に対応したタイプの客室が揃い、夕食はバラエティに富んだ料理が味わえるバイキングが用意されます。船上から星空や朝日を眺め、海を見ながらの入浴など、非日常のクルーズ気分が味わえます。

1 2018（平成30）年就航の「さんふらわあ さつま」 2 船内ビュッフェでは、九州産の新鮮なお刺身などを食べられます 3 大きな窓の船内プロムナードや展望デッキからは夜景や朝焼けの海が見渡せます 4 大阪―志布志航路、大阪―別府航路では毎晩プロジェクションマッピングショーを開催

御船印

寺社仏閣の御朱印のように、シンプルなデザイン。2023（令和5）年10月より船体イラストをあしらったデザインにリニューアルしました

御船印情報
場所：船内案内所
時間：船内案内所営業時間
価格：300円（期間限定品など特別版は500円）
問い合わせ先：0120-56-3268
https://www.ferry-sunflower.co.jp/

ユニークな御船印

合併記念の「クリア御船印」は、丸窓部分が透明。景色や船体、観光スポットなどを窓からのぞいた風景のように写真が撮れます。500円

「さんふらわあ　ふらの」。エレベーターを完備、バリアフリーに対応しています

⚓ 施設充実の夕方便、カジュアルな深夜便

　大洗─苫小牧間は約18時間。夕方便には長い船旅を快適に過ごせる施設が整っています。客室は贅沢な時間を過ごせるスイートやプレミアムルーム、コンパクトながらプライバシーを確保したコンフォートなど多様なタイプが用意され、空室があれば当日のランクアップも可能です。ファミリーには授乳室やオムツ交換ベッドを備えたベビールームがパブリックスペースにあり、安心です。ほかにも海を見ながら入浴できる展望浴室やゲームコーナー、旬の食材が味わえるレストランが揃います。深夜便は全室1段ベッドのカジュアルルームが主体。レストラン営業はありませんが、軽食の自動販売機や電子レンジを完備しています。

1 深夜便「しれとこ」。エコノミーな船旅ができます　**2** 海を見ながらくつろげる男女別展望浴室。シャンプーやボディソープなどアメニティも完備　**3** 浴室は無料サウナを併設　**4** 夕方便のレストランではバイキングが味わえます

御船印

夕方便の「ふらの」、深夜便の「しれとこ」のイラストと船名を墨書した印です。各船1種類のみの販売です

大洗～苫小牧　乗船記念
さんふらわあ
ふらの
令和　年　月

大洗～苫小牧　乗船記念
さんふらわあ
しれとこ
令和　年　月

苫小牧港

大洗港

御船印情報
場所：各船船内売店
時間：売店営業時間
価格：300円
問い合わせ先：0120-48-9850
https://www.sunflower.co.jp/

端（はし）ッコスタンプラリー

合併記念で実施されるのが「さんふらわあ端（はし）ッコスタンプラリー」。日本最北端の宗谷岬、本土最南端の佐多岬、さんふらわあのスタンプを集めて応募。本土最南端・最北端到達証明書などがもらえます。2024年9月30日まで

新日本海フェリー

2017(平成29)年に新潟—小樽航路に就航した「らべんだあ」と「あざれあ」

🎡 長距離クルーズの魅力を堪能

　1970(昭和45)年、日本海側の航路としては初めて舞鶴—小樽間を開設しました。現在は関西—北海道、新潟—北海道、秋田—北海道をはじめとする、さまざまな航路を運営しています。就航しているのは8隻のフェリーです。どの船にも旅を満喫するための施設が整い、関西—北海道間のように20時間を超える船旅でも退屈することがありません。大型スクリーンで映画が鑑賞できるシアター、マシンが備わったスポーツルームなどの娯楽施設が完備され、食事はカフェやレストランはもちろん、グリルでは本格的なコース料理も楽しめます。客室もテラス付きの個室からカプセルタイプまで多様なタイプが選べます。

※船舶によって施設や客室タイプに違いがあります。

1 敦賀—苫小牧東港航路の「すずらん」「すいせん」は、露天風呂やドッグランを完備しています　**2** 敦賀から新潟・秋田を経由して苫小牧東港を結ぶ「らいらっく」「ゆうかり」　**3** 長距離フェリーとしては国内最大級の大きさと速度で、舞鶴—小樽航路を結ぶ「はまなす」「あかしあ」

御船印

各船名の由来になった花をモチーフにした、華やかでかわいらしい御船印です。「らいらっく」はライラックの花と船体を、「らべんだあ」は、ラベンダーの紫色で波と船体を表現しています。

御船印情報
場所：各船内ショップ
時間：船内ショップ営業時間内
価格：300円
問い合わせ先：各ターミナル
https://www.snf.jp/

御船印は
船長の直筆サイン入り
乗船した日の船長のサインが入ります。船長は交代制なので、同じ船でも日によってサインが異なることがあり、一期一会の御船印といえるかもしれません

長距離フェリーならではの充実した設備

オープンデッキでは、さわやかな風に吹かれ、クルージングリゾートが楽しめます

「すずらん」「すいせん」「らべんだあ」「あざれあ」には露天風呂があります

大型モニターと吹き抜けの明るいエントランス（「らべんだあ」「あざれあ」）。フォトスポットもあります

フェリーからの日本海の夕日は絶景

イメージ

海に沈む夕日を眺められるのは日本海の船旅ならでは。各航路では船上からすばらしい夕景が展望できるほか、日本列島の岬や島々が見渡せます。

積丹岬
晴れた日には小樽港を利用する船から、変化に富んだ海岸線と断崖絶壁が見えます

男鹿半島
秋田県にある半島で、秋田港を利用するフェリーからはすぐ近くに見ることができます

奥尻島
青い海の色で有名な、北海道南西部の日本海の島。小樽港を利用するフェリーから見えます

大間崎
本州の最北端に位置する岬。苫小牧東港を利用するフェリーから見ることができます

竜飛岬
津軽半島の最北端。苫小牧東港を利用するフェリーが津軽海峡を通る際に見えます

のりば・アクセス

舞鶴港（前島埠頭）
京都府舞鶴市浜2025
TEL:0773-62-3000
◆JR東舞鶴駅から
車で約7分

敦賀港（敦賀新港）
福井県敦賀市鞠山95-4
TEL:0770-23-2222
◆JR敦賀駅から
車で約10分

新潟港（山の下埠頭）
新潟県新潟市東区
古湊町2-20
TEL:025-273-2171
◆JR新潟駅から
車で約15分

秋田港（中島埠頭）
秋田県秋田市土崎港
西1-13-13
TEL:018-880-2600
◆JR秋田駅から
車で約20分

小樽港（勝納埠頭）
北海道小樽市築港7-2
TEL:0134-22-6191
◆JR小樽駅から
車で約10分

苫小牧東港（周文埠頭）
北海道勇払郡厚真町
浜厚真17-6
TEL:0145-28-2800
◆JR苫小牧駅から
車で約40分

小樽運河クルーズ

船は幅の狭い運河でも小回りが利くよう、船の前にもモーターを搭載しています

⚓ 運河をめぐり、小樽の魅力を再発見

　小樽運河は海岸線を埋め立てた、日本でも珍しい「埋め立て式運河」です。1923（大正12）年に完成し、運河沿いには明治時代から大正時代に建てられた歴史的建造物や石造倉庫が並びます。所要約40分のクルーズは観光客でにぎわう中央橋から出港、小樽港に抜け、北運河、南運河へと進み、スタート地点に戻ります。夜には運河沿いの散策路にガス灯がともり、ロマンあふれる光景が水上から楽しめます。春から初夏はライラック、秋はツタの紅葉、冬は静かな雪の運河と四季の風景も魅力です。クルーズ船は小樽の町並みや運河の風景に溶け込むようにデザインされ、環境に優しいバイオディーゼル燃料を使用して運航しています。

1 目線が変わると、おなじみの景色も違った雰囲気で楽しめます **2** さまざまな船が行きかう小樽港を航行 **3** ガス灯がともり、きらびやかな風景が展開するナイトクルーズ **4** 船から見上げる建造物は圧巻の存在感です

御船印

小樽運河を背景に運河内をめぐる船とガス灯が描かれ、水面を漂う水紋がイメージされています

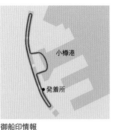

小樽港

発着所

御船印情報
場所：小樽運河 中央橋発券所
時間：10：00〜20：00
　　　（時期により異なる。HPで要確認）
価格：500円　問い合わせ先：0134-31-1733
https://otaru.cc/

外輪船「ファンタジア号」で鮮やかな紅葉を眺めながらクルージングが楽しめます

⚓ 秘境奥只見湖の四季を楽しむ

　奥只見湖は奥只見ダムによって造られた人造湖です。満水時の標高は750mですが、貯水の変化により、遊覧船営業期間中の半年間で12mもの水位変動があります。面積は約11.5km²、栃木県日光市の中禅寺湖とほぼ同じ広さです。遊覧船の運航期間は5月中旬〜11月初旬、30〜40分で湖をめぐります。湖上からは残雪の山々、新緑など四季の自然が眺望でき、特に秋の紅葉は目を見張るほどのすばらしさ。外輪船「ファンタジア号」の3階屋上からは360度の大パノラマが見渡せます。周遊コースのほかに銀山平への片道コース(10月初旬までは予約制)、尾瀬ハイキングへと続く尾瀬口コース(6月〜10月初旬までは予約制)があります。

1 5月には残雪の山々を眺めながらのクルージングが爽快です 2 奥只見レイクハウスの名物はダムカレー 3「おぜ号」では岸辺近くの景色が見られます 4 おもに尾瀬への定期船として就航している「新はっさき丸」

御船印

押印される植物は月によって変わります。5・6月は水芭蕉、7・8月はニッコウキスゲ、9・10月は稲穂

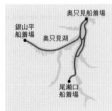

御船印情報
場所:奥只見船着場
時間:9:00〜17:00
価格:300円
問い合わせ先:025-795-2242
http://okutadami.co.jp/

奥只見から尾瀬へ

尾瀬口船着場から尾瀬口バス停で沼山峠行きの路線バスに乗り換えると約65分で沼山峠登山口に到着します

ダックツアー

🚢 水陸両用バスの新感覚ツアー

　陸路を走ったバスが、そのまま湖や川に入ってクルージング。それがダックツアーです。バスには陸上用と水上用のふたつのエンジンが搭載され、車体は窓ガラスがない開放的な空間になっています。ツアーで最もドキドキするのは水中に入る瞬間のスプラッシュインです。水しぶきが上がり、ダックツアーでしか体験できない乗り心地が楽しめます。湯西川のほか、大阪、諏訪湖のツアーがあります。

大阪ダックツアー。中之島公園の噴水を川から見上げることができるかも

1 湯西川ダックツアーは、ダム湖の遊覧クルーズや、ふだんは入れないダムの施設見学など、約70〜80分のスリリングな体験ができます **2** 陸上から水上へスプラッシュイン **3** マスコットはダッパ君。人形は水に浮かべて遊べます。クリアファイルなどのグッズを販売

御船印

乗船記念 **大阪** ダックツアー
令和　年　月　日

明るい黄色の地に水陸両用バスを描いたデザイン。墨書がひきたちます

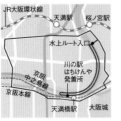

JR大阪環状線　天満駅　桜ノ宮駅
水上ルート入口
川の駅はちけんや発着所
京阪中之島線
京阪本線
天満橋駅　大阪城

御船印情報
場所：受付窓口
時間：9:00〜17:00（冬期休業あり）
価格：500円　問い合わせ先：0288-78-0345
https://www.japan-ducktour.com/

小名浜デイクルーズ

🚢 小名浜港湾を約50分で周遊

　小名浜港は福島県最大の港です。クルージングでは小名浜マリンブリッジの下をくぐったり、照島や工場群、停泊する大型船を眺めたりと陸上の観光とは異なる景色が展開します。おすすめは2階デッキ席。爽快な潮風を浴びながら、クルージングが楽しめます。季節によっては、ユリカモメなど渡り鳥が海上を飛ぶ姿が観察できるのも遊覧船ならではです。船上からのウミネコの餌やり体験が大人気です。

2021（令和3）年就航の「サンシャインシーガル」。1日3便ほどが運航されています

1 デッキからの餌やりが人気です。船内では餌を販売。餌を投げると見事にキャッチ **2** 2階客室には椅子が置かれ、ゆったりとくつろげます **3** 遊覧船のターミナルはいわき市観光物産センター「いわき・ら・ら・ミュウ」にあります

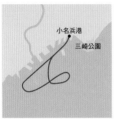

御船印

ONAHAMA DAY CRUISE
SUNSHINE SEAGULL

乗船記念　年　月　日

「フラシティいわき」をイメージした、ハワイアンな雰囲気のデザインです

小名浜港
三崎公園

御船印情報
場所：チケットカウンター　時間：9:00〜17:00
価格：乗船チケット購入者300円、御船印のみ500円
問い合わせ先：0246-38-4197
https://onahama-dc.com/

LONG VOYAGE
モデルプラン
003
四国・九州2泊3日

大阪から四国経由で九州まで

東京発、ぐるっと西日本

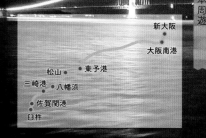

新大阪
大阪南港
松山　東予港
三崎港　八幡浜
佐賀関港
臼杵

このプランでは
4社4枚
御船印

大阪から夜行便で四国に渡ります。列車から見える海の景色を楽しみ、最短ルートを運航する船で大分県へ。ランチは関あじ・関さばを味わいます。

Day 1

8:00

東京駅（東京都千代田区）

JR東海道新幹線
のぞみ61号
8:00〜
10:30
1万3870円

10:30
ここから大阪府！

新大阪駅（大阪市淀川区）

JR京都線とJR大阪環状線
大阪乗り換え
所要約15分
190円

11:00頃

大阪城公園駅（大阪市中央区）

徒歩約2分

11:45

大阪城港

水上バスのりば

大阪水上バス
▶P.113
アクアライナー
周遊コースは10:15から45分間隔で運航
11:45〜12:25頃
所要約40分
1800円　※運休日などはHPで確認

GET!
御船印
水上バスのりば
大阪城港で購入

大阪城公園

水上バス

12:25

大阪城港

水上バスのりば

17:00頃

大阪城公園駅

JR大阪環状線で森ノ宮駅へ。OsakaMetro中央線に乗り換え、「コスモスクエア」経由ニュートラムで「フェリーターミナル」
所要約45分
480円

大阪城の内濠をめぐる「大阪城御座船」でも御船印をGET！できます

水上バスがクルーズする大川沿いでは四季折々の風景と、大阪都心の景色を眺められます

大阪城公園には復元された天守閣、大手門、豊国神社、市民の森、大阪城ホールなどがあります。フェリー出航までの時間を使ってゆっくり観光

▶P.114

徒歩 約5分

20:00 大阪南港（大阪市住之江区）

四国オレンジフェリー
▶P.114
22:00〜6:00
（20:00から乗船可能）
9850円〜（デラックス
シングル、運賃は曜日や
時期で変動します）

水上バスのりば大阪城港で購入 御船印 GET

ここから愛媛県！ **Day 2**

6:00 東予港（愛媛県西条市）

伊予鉄南予バス
（東予港〜
松山線）
※要予約
6:20〜7:33
1250円

8:10 松山駅（愛媛県松山市）

JR予讃線
特急宇和海
5号
8:10〜8:58
2630円

数々の映画やドラマのロケに使われてきた
絶景駅「下灘駅」を通過。ホームから瀬戸
内海が一望できます ©愛媛県観光物産協会

8:58 八幡浜駅（愛媛県八幡浜市）

タクシーで
所要
約50分
※時間に
よっては
伊予鉄南予
バスが運行
（1日2本）

10:30 三崎港（愛媛県伊方町）

国道九四フェリー
▶P.115
四国から九州への
最短ルート
10:30〜11:40
1200円（展望席は
500円プラス）

船内（営業時間外は三崎港
営業所窓口）で購入 御船印 GET

ここから大分県！
11:40 佐賀関港（大分県大分市）

徒歩 約5分

佐賀関で水揚げされる「関あじ」
「関さば」は大分県の特産品です。
フェリーターミナルで味わえます

12:16 古宮（バス停）

大分バス
12:16〜
12:32
※バスは
1時間に1本
程度

12:49 幸崎駅（大分県大分市）

**JR日豊
本線**
佐伯行
12:49〜
13:10

13:10 臼杵駅（大分県臼杵市）

タクシーで
国宝「臼
杵石仏」
まで約15分
※フェリー
出発までの
時間で国宝
「臼杵石仏」
を見学

臼杵石仏

臼杵石仏は日本最大級の
磨崖仏。平安時代後期か
ら鎌倉時代にかけて彫刻
されたと伝わる国宝です

15:40 臼杵港（大分県臼杵市）

ここから愛媛県！

**九四オレンジ
フェリー**
▶P.114
15:40〜
18:00
（土曜は休航）

船内売店で購入 御船印 GET

19:39 八幡浜港

**宇和島
自動車**
18:26〜
18:35
160円

18:35 八幡浜駅

JR予讃線
特急宇和海
28号
19:39〜
20:32
2630円

20:32 松山駅（愛媛県松山市） **Day 3**

さらに寄り道
**松山周辺で
さらに御船印を
GET！**
・石崎汽船
松山から呉〜広島へ
・松山・小倉フェリー
小倉経由で福岡へ
・中島汽船
瀬戸内海島めぐり

17:10 松山空港（愛媛県松山市）

大阪水上バス

「サンタマリア」はコロンブスが新大陸発見で航海した船を模した観光船です

水都大阪の定番クルーズ

　「アクアライナー」で大阪城や中之島周辺をめぐるコース、「サンタマリア」で大阪港内を約45分でクルーズするコースを中心に、水都大阪の定番クルーズを運航。ほかにも「アクアmini」（期間限定）で大阪城から道頓堀までを行き来するコース、そして「ひまわり」でのチャータークルーズなどさまざまな船を運航しています。大阪城や海遊館といった、大阪の観光スポットの近くに港があるので、定番の大阪観光を楽しみたい方にもぴったり！また春のお花見クルーズ、夏の天神祭、秋のサンセットクルーズ、冬のイルミネーション＆クリスマスクルーズなどの四季のイベントクルーズも実施、季節感にあふれた船旅が楽しめます。

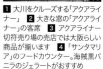

1 大川をクルーズする「アクアライナー」 2 大きな窓の「アクアライナー」の客席 3 アクアライナー切符売り場の売店では大阪らしい商品が揃います 4 「サンタマリア」のフードカウンター。海賊黒バニラのジェラートがおすすめ

御船印

それぞれの船の一部をデザイン化。大阪の都心部をクルーズする船らしい都会的なイメージです　※アクアライナーは大阪城港、サンタマリアは海遊館西はとばでの販売

御船印情報
場所：大阪城港または海遊館西はとば
時間：9:15〜16:15（大阪城港）
11:00〜16:00（海遊館西はとば）　価格：600円
問い合わせ先：大阪水上バス予約センター 06-6942-5511（9:15〜16:00）
https://suijo-bus.osaka/

大阪城天守閣や海遊館とのセット券も発売中！

四国オレンジフェリー

⚓ 関西方面と四国を結ぶ

東予港と大阪南港、新居浜港と神戸港を結ぶふたつの航路を運航しています。東予港航路は豪華客船を彷彿とさせるエントランスや乗船中はいつでも利用可能な大浴場などの施設が充実し、非日常体験が楽しめます。船内レストランには地元産食材を使ったこだわりの料理が並び、なかでも名物の「宇和島鯛めし」が好評です。新居浜港航路は貨物中心のカジュアルな船内施設のフェリーが運航しています。

東予港航路の「おれんじえひめ」。東予港航路は高知県へのアクセスも良好です

御船印

フェリーの船体と就航地の観光名所や物産品を背後に配したデザインです

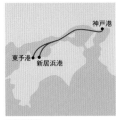
神戸港
東予港　新居浜港

御船印情報
場所：船内案内所
時間：案内所開設時間　価格：500円
問い合わせ先：東予0898-64-4121
大阪06-6612-1811
https://www.orange-ferry.co.jp/

1 ラグジュアリーな雰囲気のエントランスが迎えてくれます　**2** 大浴場にはバブルジェットを設置。瀬戸内の夜景を眺めながらリフレッシュできます　**3** エントランスホールは吹き抜け。船内には物販・飲み物の自販機コーナーが完備されています

九四オレンジフェリー

⚓ 四国と九州を2時間強で結ぶ

愛媛県八幡浜港と大分県臼杵港を1日7便、14往復の定期航路を運航しています。就航しているのは「おれんじ四国」「おれんじ九州」の2隻です。船内の売店では九州各地の名産品を販売、また軽食が味わえるコーナーでは、八幡浜名物の「ちゃんぽん」や職人が作る「じゃこ天」がのった「フェリーうどん」が好評です。そのほか、ゲームコーナーやマッサージ機が置かれたコーナーもあります。

「おれんじ四国」は2918t、定員485名。四国と九州を最短時間で結びます

御船印

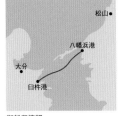

フェリーの船体と九州、四国の観光地や名産品などを背後に配したデザイン

松山●
八幡浜港
大分●
臼杵港

御船印情報
場所：船内案内所
時間：案内所開設時間　価格：500円
問い合わせ先：八幡浜／0894-22-5094、
臼杵／0972-62-5844
https://www.orange-ferry.co.jp/

1 「おれんじ九州」。2924t、定員485名。ペットをケージごと預かるサービスもあり、ペット同伴で乗船できます　**2** さわやかな海の風景が広い窓から望めるスカイラウンジ　**3** 2等椅子席。このほか客室には定員2名の特等室、定員6名の洋室・和室などがあります

国道九四フェリー

「速なみ」。3階には展望席があります。一般席のほか、個室、カーペット席を完備

九州・四国を最短70分ほどで船行

　大分県佐賀関半島と愛媛県佐田岬との間に横たわる豊予海峡をフェリーは約70分で渡ります。大分県側の国道197号と愛媛県側の国道197号を結ぶことから、国道九四フェリーと名づけられました。運航時刻は7時台から23時台まで毎時運航。とても使い勝手のいいフェリーです。就航している3隻の船舶は多目的トイレや車椅子スペース、エレベーターなどのバリアフリー設備を完備、安心して利用できます。毎年夏期には先着で「こども船員手帳」を無料で配布。手帳では船の仕組みや船員の仕事が紹介され、ファミリーに好評です。佐賀関ターミナル2階の「カルマーレ」では関さばや関あじなどのご当地グルメが味わえます。

1「涼かぜ」のデッキには航路が国道であることを示す標識が置かれたフォトスポットがあります **2**「遊なぎ」。授乳室を完備 **3** 佐賀関港ターミナル売店では、大分特産のカボス、天然ハーブで色付けしたオリジナルソフトなどを販売

御船印

墨書で船舶名、航路を示す地図、そしてそれぞれの船体を表した印を押印。寺社の御朱印をイメージさせるデザインになっています

松山

三崎港

大分
佐賀関港

御船印情報
場所：船内売店、佐賀関港・三崎港営業所乗船券売り場
時間：9:00〜16:00　価格：300円
問い合わせ先：097-575-1020
https://www.koku94.jp/

115

ぐるっと九州
弾丸御船印の旅

LONG VOYAGE
モデルプラン 004
九州4泊5日

このプランでは 8社9枚 御船印

神戸から出発、甑島まで渡り、島原半島そして熊本へと足を延ばします。船、列車を効率よく乗り継ぐ弾丸プラン。御船印もいっぱい集まります！

地図：
多比良港・長洲港
口之津・鬼池港
牛深港・蔵之元
甑島・川内・宮崎
串木野・桜島・里木野

Day 1

19:10 — 神戸三宮フェリーターミナル（兵庫県神戸市）

宮崎カーフェリー ▶P.118
神戸港発 19:10（月〜土）
※日曜は 18:00発
船内売店で購入 御船印

Day 2

ここから宮崎県！
8:40 — 宮崎フェリーターミナル（宮崎県宮崎市）

宮崎シティバス
8:55〜9:08
300円

9:08 — 宮崎駅

JR日豊本線
きりしま5号
9:20〜11:22
4860円

ここから鹿児島県！
11:22 — 鹿児島駅（鹿児島県鹿児島市）

徒歩約10分

11:40 — 桜島フェリーターミナル

桜島フェリー ▶P.119
昼間は15分間隔で運航
所要時間約15分
乗船券発売所で購入 御船印

やぶ金うどん
桜島フェリー名物"やぶ金うどん"。透きとおっただしが特徴

14:00 — 桜島

桜島フェリー
鹿児島市と桜島を結ぶ桜島フェリーは市民の足といえる存在です。24時間運航

桜島フェリー
14:00までには出発
鹿児島中央駅まではタクシーで

15:21 — 鹿児島中央駅

鹿児島本線
約40分
660円

16:00 — 串木野駅（鹿児島県いちき串木野市）

鹿児島交通バス
16:05〜16:17
160円

16:30 — 串木野新港（鹿児島県いちき串木野市）

甑島商船 ▶P.120
16:30〜17:45
里港代理店で購入 御船印

ここから上甑島！
17:45 — 里港（鹿児島県薩摩川内市）

Day 3

9:45 — 里港

甑島商船
高速船
9:45〜10:25
2420円
川内港高速船ターミナルで購入 御船印

甑大橋
2020（令和2）年に開通した、下甑島と中甑島を結ぶ、全長1533mの橋。片側1車線ですが、徒歩で渡ることもできます

ここから下甑島！
10:25 — 長浜港（鹿児島県薩摩川内市）

甑島商船
高速船
10:30〜11:40
3440円

11:40 — 川内港

川内港シャトルバス
11:50〜12:15
150円

14:25 — 川内駅

きびなご丼
醤油漬けにしたきびなごを使った"きびなご丼"が美味

©K, P, V, B

15:12

肥薩
おれんじ
鉄道
14:25〜
15:12
1020円

折口駅
（鹿児島県阿久根市）

18:26

南国
交通
バス
15:12〜
18:26
720円

蔵之元
（鹿児島県長島町）

Day 4

7:40

蔵之元

三和フェリー
▶P.120
7:40〜8:10
500円

牛深港
フェリー
乗り場で
購入

GET!
御船印

牛深ハイヤ
大橋

ここから
熊本県！

9:07

牛深港

全長883mの牛深ハイヤ大橋は熊本県内最長。大きく曲線を描く構造が特徴です

10:35

九州産交バス
9:07〜10:35
2180円
本渡バスセンター
で乗り換え。
待ち時間に
周辺を観光
11:45〜12:10

本渡バスセンター
（熊本県天草市）

天草四郎と
天草キリシタン館

島原の乱で使用された武器や陣中
旗などを展示する天草キリシタン館。
入口には天草四郎像が立ちます

12:10

鬼池港
（熊本県天草市）

島鉄フェリー
12:30〜13:00
500円（別途、燃料油価格変動
調整金が必要となる場合
があります）
島原半島と天草を結ぶ
フェリー

口之津港・鬼池港フェリー
乗り場で購入

GET!
御船印

ここから
長崎県！

13:32

口之津港
（長崎県南島原市）

14:50

島鉄バス
13:32〜
14:36
1150円

島原港
（長崎県島原市）

九商フェリー
▶P.121
14:50〜15:50
890円
専用無料シャトル
バスで熊本駅へ

島原港窓口、
船内売店で購入

GET!
御船印

ここから
熊本県！

15:50

熊本港
（熊本県熊本市）

あか牛丼

阿蘇で育った和牛・あか牛を贅沢
に使った"あか牛丼"をぜひ！

熊本屋台村は地元産食材を使った
飲食店がズラリと並ぶ50mほどの
通り。広場ではイベントを随時開催

熊本
屋台村

熊本の営業部長くまモンの活動拠点。
観光情報の発信やスクエア限定グッズ
の販売を行っています

くまモン
スクエア

Day 5

6:24

熊本駅

JR鹿児島
本線
6:24〜7:03
760円

7:08

長洲駅
（熊本県長洲町）

徒歩
約25分

8:00

長洲港ターミナル

有明フェリー
▶P.121
再び長崎へ
8:00〜8:45
500円

港ターミナル
売店・船内
売店で購入

GET!
御船印

ここから
長崎県！

8:45

多比良港
（長崎県雲仙市）

10:15 **11:10** **12:00** **13:55**

ここから熊本県!

島原鉄道
9:42〜
10:09
570円

島原港

熊本フェリー
▶P.122
10:15〜10:45
1500円
オーシャンアローで再び熊本へ

GET!
御船印

島原支店・熊本支店・船内売店で購入

熊本港

九州産交バスで空港へ。
11:10〜11:51
桜町バスターミナルで乗り換え

桜町バスターミナル

連絡バス
12:00〜
12:47

熊本空港

離島への「島旅」で御船印を集めよう!

最も近い口之島まで所要約6時間

トカラ列島へ
十島村フェリー
屋久島と奄美大島の間に点在するトカラ列島。鹿児島港から村営フェリーが週2回運航しています

屋久杉や巨木が茂る原生林が屋久島の魅力

種子島・屋久島へ
種子屋久高速船
直行便を利用すれば鹿児島港から種子島まで約1時間35分、屋久島(宮之浦港)までは約1時間50分です

宮崎カーフェリー

2022(令和4)年に就航した「フェリーたかちほ」

雄大な太平洋の船旅が楽しめる

神戸港と宮崎港を最短13時間30分で結びます。夕刻に海上からライトアップされたメリケンパークを一望できるのは乗船客だけの特権かもしれません。客室はプレミアムルームが2人部屋・3人部屋、ファーストルームが2人部屋・4人部屋、シングルルームもあります。和・洋食、中華が味わえるレストラン、売店、展望浴室・サウナなどの船内施設も整っています。2022(令和4)年に2隻の新造船が就航しました。

御船印

コンパスと地図がデザインされた、「航海」を連想させるデザインになっています

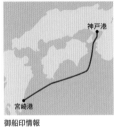

神戸港

宮崎港

御船印情報
場所：各船内売店
時間：乗船時〜22:00　価格：300円
問い合わせ先：0985-29-5566
https://www.miyazakicarferry.com/210412goseninpj/

1 展望浴場からは、神戸の夜景や朝日の風景など船旅ならではの雄大な景色を眺めることができます **2** レストランのバイキングは季節限定メニューの提供もしています **3** キッズコーナーには「こびとが住まう黒板」があり、子供たちも楽しく過ごせるよう工夫されています

桜島フェリー

サクラフェアリーの愛称で呼ばれる「第二桜島丸」。旅客定員600名、授乳室を完備

24時間運航の便利な市営フェリー

　鹿児島港と桜島港を約15分で結ぶ鹿児島市営のフェリーです。午前0時から24時間運航、日中は15分〜20分間隔、深夜でも1時間に1便あり、とても便利なフェリーです。船内の楽しみは"うどんコーナー"。鹿児島市中心街に店を構える「味の長老やぶきん」がだしにこだわったうどんを提供。乗船したらすぐに食べに行く地元民も少なくないそうです。鹿児島の特産品やフェリーのオリジナルグッズが買える自動販売機や売店にも注目です。「豚みそ」「鶏みそ」「ジャム」などの名物が揃っています。スカイデッキに出れば桜島の迫力ある景色が展望できます。時には錦江湾に生息するイルカの姿が観察できることもあります。

1 サクラエンジェルの愛称で呼ばれる「第二桜島丸」　2 「第二桜島丸」のオープンデッキから望む雄大な桜島の風景　3 船首部では広い窓からの風景が楽しめます　4 船内では人気のうどんが味わえます

御船印

朝や夕暮れなど、さまざまな色を見せる桜島を背景にしたデザインです。観光記念にもぴったり

鹿児島港

桜島港
桜島

御船印情報
場所：鹿児島港乗船券発売所、
　　　桜島港営業課窓口
時間：7:30〜19:00　価格：300円
問い合わせ先：099-293-2525
https://www.city.kagoshima.lg.jp/
sakurajima-ferry/

お得なきっぷ

サクラジマアイランドビュー

桜島港から島内をめぐる市営バス。フェリー、市電、市バスを合わせて乗り放題のチケット「CUTE（キュート）」が便利！

甑島商船

「フェリーニューこしき」。エレベーターを備えたバリアフリー適合船

⚓ 甑島へ快適な船旅

　鹿児島県串木野新港と甑島を結ぶフェリー、鹿児島県川内港と甑島を結ぶ高速船を運航しています。高速船甑島は九州新幹線「つばめ」や豪華寝台列車「ななつ星in九州」などを手がけた水戸岡鋭治氏がデザインしました。川内港ターミナルも水戸岡氏のデザインです。木をふんだんに使用した落ち着いた空間には眺望のすばらしいカフェや売店があり、ゆっくりと船の到着を待つことができます。

乗船記念
フェリーニューこしき

令和　年　月　日

中央には社章と甑島の祭りや生物をイメージする文様の印を押印しています

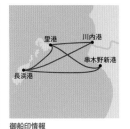

御船印情報
場所:串木野新港、川内港、里港、長浜港、
　　　フェリーニューこしき
時間:各所営業時間,フェリー運航時間
価格:500円　問い合わせ先:0996-32-6458
https://www.koshikisho.co.jp/

1 高速船甑島。197t、旅客定員200名。川内港を出港して甑島を周遊し川内港に戻る周遊きっぷもあります **2** 高速船甑島の船内、前方の客室。船内は木目を生かしたデザインです **3** 川内港ターミナル。マルシェなどのイベントを随時開催しています

三和フェリー

東シナ海を航行する「第二天長丸」は577t、旅客定員350名です

⚓ 天草と鹿児島を短時間で結ぶ

　熊本県天草市の牛深港と鹿児島県出水郡長島町の蔵之元港を30分という短時間で結んでいます。「牛深ブルー」とも呼ばれる東シナ海が眼下に広がる展望デッキからは牛深ハイヤ大橋の全景が望めます。大橋はクリスマス期間の夕刻にはイルミネーションがともり、華やかな姿を見せてくれます。牛深港の切符販売所では第二天長丸のペーパークラフトやパールマンキーホルダーなどを販売しています。

三和フェリー
Sanwa Ferry

YEAR　MONTH　DAY

牛深ブルーと南国の花ハイビスカスをあしらったさわやかな印象の印です

御船印情報
場所:牛深切符発売所
時間:7:00～18:00　価格:300円
問い合わせ先:0969-72-3807
https://ezax.co.jp/gosen-in/

1 客室は広々したスペースでゆったりとくつろげます。飲み物の自販機を完備したカフェ・カウンターもあります **2** クリスマスには鮮やかなイルミネーションで輝く牛深ハイヤ大橋 **3** 牛深港の周辺には新鮮な海の幸が味わえるグルメスポットが点在します

有明フェリー

「有明きぼう」。定員450名で身障者用エレベーター、展望デッキを備えています

⚓ 長崎と熊本を約45分で結ぶ

干満差が大きな有明海を渡ります。航行中の楽しみは海の生物と出会えること。冬期にはカモメが飛来し、乗船客から餌をもらうのを待ち受けています。船内の売店では餌用のカモメパンが買え、船上からの餌やりが楽しめます。また、有明海にはスナメリが生息、運がよければ泳ぐ姿を見ることも。船内グルメのおすすめは長崎県多比良名物のちくわ。食べ応えがあり、なかでもチーズちくわは格別です。

御船印

船体写真とサッカーが盛んな雲仙市国見町、熊本県長洲町の金魚をデザイン

[1] 12月～4月には越冬のため、カモメが飛来。時には乗船客の手から直接餌を受け取ることもあります [2] 船内の売店では防腐剤無添加の餌用カモメパンを販売 [3] 遊歩甲板にはスナメリの大型写真が配され、写真映えするスポットとして人気です

御船印情報
場所：多比良港・長洲港各売店、各フェリー内売店
時間：港は平日9：00～17：00、休日8：00～18：45
フェリー売店6：00～20：40　価格：300円
問い合わせ：0957-78-3358（平日9：00～17：45）
http://www.ariake-ferry.com/

九商フェリー

「レインボーかもめ」。授乳室や多目的トイレ、身障者用エレベーター、バリアフリー席を完備

⚓ 熊本駅から港へは無料バスで

島原港と熊本港の21kmを60分で結ぶ最多便のフェリーで、船内売店では限定商品や地元の特産品なども販売しています。また、熊本港と熊本駅間を直行便で運行する、乗船客専用の無料シャトルバス（予約制）が大変便利で好評です！

往復割引などの各種割引やお得なキャンペーンも実施しています（詳細はHP）。秋から早春にかけてはカモメが飛来し旅情を盛り上げてくれます。

御船印

2種類の御船印を合わせると島原と熊本を結ぶ「虹」が完成します

御船印情報
場所：島原港窓口、熊本港窓口、船内
時間：窓口／8：30～17：30、船内／7：20～18：30　価格：500円
問い合わせ先：島原港／0957-62-3246　熊本港／096-329-6111
https://www.kyusho-ferry.co.jp/

[1] 「フェリーくまもと」。ゆったり座れる特別室（別途料金が必要）、売店を完備しています [2] 「レインボーかもめ」には眺めのいいフォワードラウンジがあります。ほかにもソファ席があり、グループで過ごすのに最適です [3] 雲仙普賢岳を眺めながら有明海をクルージング

30ノット（時速約56km）の高速走行が可能な「オーシャンアロー」

日本を代表する高速カーフェリー

　熊本―島原間を結ぶ高速フェリー「オーシャンアロー」を運航しています。高速フェリーが就航したのは1998（平成10）年、それまで所要約1時間だったのを半分の約30分に短縮しました。このフェリーを開発したのはIHI（現JMU）と東京大学船舶海洋工学科宮田秀明教授。極めて細長い船体をふたつ連結した双胴船で、日本が独自に開発した世界最先端の船型（SSTH）です。この形状が超高速でありながら燃費に優れた揺れが少ない快適な乗り心地を実現しています。外観は有明海をイメージしたブルーを基調としたシャープな印象のデザイン。船内には海を見ながらドリンクが飲めるカフェスペース、ソファが置かれたラウンジなどの施設があります。

1 スピード感を体験できるオープンデッキでは秋から春にはカモメウオッチングが楽しめます 2 グループでゆったりとくつろぐことができるスペースです 3 船内で飲めるオリジナルドリンク「オーシャンブルーソーダ」

御船印

九州全図とブルーで描いたシャープな船体のスタンプを押印

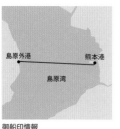

御船印情報
場所：島原支店・熊本支店・船内売店
時間：各支店窓口・船内売店営業時間
価格：300円
問い合わせ先：0957-63-8008
https://www.kumamotoferry.co.jp/

お得なきっぷ

オーシャンアロークルーズチケット

熊本港から島原港の往復乗船券と1ドリンク、スペシャルシート付きのチケットです。ただし、島原港では下船できません。大人2000円

北海道の離島

北海道には魅力的な有人離島が5つあります。
多様な高山植物が咲き競う花の島や野鳥の楽園、
原生林が茂る島など、四季を通じて島旅を満喫できます。

利尻昆布やウニ丼が
名物です！

❶ 利尻島

稚内市から西へ約52kmの沖合に位置し、島の中心
には標高1719mの利尻山がそびえます。島内には
沼や湿原が点在し、多様な高山植物が観察できます。

❷ 礼文島

別名「花の浮島」とも呼ばれて
います。夏にはレブンアツモリソ
ウ、レブンウスユキソウなどの固
有種をはじめ、約300種類の高
山植物が咲き乱れます。

❸ 焼尻島

島の3分の1は約50種
15万本もの原生林に覆
われています。中央部に
は綿羊牧場が広がり、イ
ングランド原産の羊が草
をはむ姿が見られます。

稚内
❷ 礼文島
❶ 利尻島
❸ 焼尻島
❹ 天売島　羽幌
ハートランドフェリー▶P.124

❹ 天売島

周囲約12kmの小島で
す。断崖が続く西海岸に
は春から夏にかけて、ウ
トウや絶滅危惧種のオ
ロロン鳥など約100万
羽の海鳥が繁殖のため
飛来します。

❺ 奥尻島
江差
ハートランドフェリー▶P.124

❺ 奥尻島

周囲約67.5kmの島は奥尻ブルーとも
呼ばれる透明度の高い海に囲まれてい
ます。島のシンボルは"なべつる岩"。鍋の
取っ手のような形をした奇岩です。

奥尻ワインは
ミネラル分が豊富♪

羽幌沿海フェリー

羽幌港と焼尻島・天売島を結ぶ航
路を運航。フェリー「おろろん2」と
高速船「さんらいなぁ2」があります。

乗船記念　おろろん2
乗船記念　さんらいなぁ2

御船印情報
場所：羽幌フェリーターミナル窓口
時間：7:30〜17:00（10月〜4月）、
7:00〜18:00（5月〜9月）
価格：300円
問い合わせ先：0164-62-1774
https://haboro-enkai.com/

ハートランドフェリー

「アマポーラ宗谷」はリシリヒナゲシにちなむ船名。全長96.55m、4265t

⚓ 船名は島に咲く花の名前にちなんで

　稚内港から利尻島、礼文島、江差港から奥尻島への航路を開設しています。利尻・礼文島へは「アマポーラ宗谷」「サイプリア宗谷」「ポレアース宗谷」が就航。稚内港から海に浮かぶ利尻山を眺めながらのクルーズです。新造船「アマポーラ宗谷」の客室はラグジュアリーな特別室、アイランドビューシート、和室、カーペット敷きのオープンスペースなど多種多様。全国のフェリーで初めてポケモンとコラボしたキッズルームもあります。奥尻島へは「カランセ奥尻」が就航。奥尻ブルーの海と緑の島影を見ながらの船旅です。船内には女性専用客室、パウダールームも完備しています。船の名称は島に咲く花の名前に由来します。

御船印

右下に大きく利尻富士の勇姿が描かれ、カモメの舞う利礼航路を表現

礼文島
香深港　稚内港
　　　鴛泊港
利尻島　沓形港

奥尻港
奥尻島　　江差港
　　　　　　函館

御船印情報
場所：各船船内売店　　時間：上下便運航中に販売
価格：330円（税込）
問い合わせ先：稚内／0162-23-3780、
　　　　　　　江差／0139-52-1066
http://www.heartlandferry.jp/2021/06/22/gosenin2023/

1 「サイプリア宗谷」。船名はアツモリソウの学名。3555t　**2** 「ポレアース宗谷」は北風の神を意味する船名。3578t　**3** 「カランセ奥尻」。船名はオクシリエビネの学名。3631t　**4** 船内限定販売のオリジナル御船印キーホルダー（1個550円）　**5** 「アマポーラ宗谷」のキッズルーム

第 5 章

「船」からみる

景色や文化

観光名所をぐるり
東京クルーズデート

浅草
両国
日の出桟橋
天王洲アイル

このプランでは
3社3枚
御船印

船上から眺める大都会はいつもと違う表情を見せてくれます。ロマンティックなサンセットクルーズで優雅な時間を過ごしましょう！

Day 1

10:00

天王洲ヤマツピア（東京都品川区）

ジール
▶P.127
10:30〜12:00
羽田空港沖でジェット機を眺めよう！
クルーズ（要予約）
※ジールのクルーズは季節によって内容が変わります。
必ずHPで確認してください
4000円

御船印

天王洲ヤマツピア
（レストラン キャプテンズワーフ）で購入

12:00

天王洲ヤマツピア（東京都品川区）

天王洲アイル
ボードウォーク

東京湾の運河に面した遊歩道を散策♪

15:00

天王洲アイル

15:35

鉄道で約35分
（乗り換え1回含む）
420円

浅草（東京都台東区）

いまや世界の「浅草」。国際色豊かになった町を散策しよう！

18:00

宿泊施設

Day 2

9:00

両国リバーセンター（東京都墨田区）

東京水辺ライン
急行便
9:15〜11:45
2400円

御船印

両国リバーセンター発着場で購入

隅田川から東京湾に向かうコースは、見どころがいっぱい！

11:45

両国リバーセンター

両国国技館

刀剣博物館

近くには相撲の聖地・両国国技館や、日本刀の魅力を発信する刀剣博物館など、見どころいっぱい！

電車&徒歩で約30分
15:43（両国駅）〜16:05（浜松町駅）
180円

16:20

日の出桟橋（東京都港区）

シーライン東京
▶P.127
16:20〜18:20
シンフォニーサンセットクルーズ
（要予約）

御船印

船内で購入

18:20

日の出桟橋

ジール

多種多様なクルーズを提供

「舟遊びをもっと身近に」をコンセプトに、さまざまなクルーズを提案しています。ひとりでも参加できる乗合クルーズではジェット機を眺めるクルーズ、隅田川橋めぐりクルーズ、工場夜景見学クルーズなどのほか、桜の季節には春の目黒川お花見クルーズなどを開催。チャータークルーズでは東京湾を遊覧しながらのパーティプランや神田川周遊クルーズなど多彩なプランがあります。

御船印

真ん中のZealは直筆。季節に合わせたスタンプが押されるのが特徴です

「ジーフリート号」は、全長28m。船内に大スクリーンを備え、最大95名まで乗ることができます

御船印情報
場所：地中海リストランテ キャプテンズワーフ
時間：平日11:30〜15:00、17:00〜21:00 土日祝11:30〜21:00
価格：500円　問い合わせ先：03-3454-0432
https://www.zeal.ne.jp/

1 日本橋発着のクルーズや目黒川お花見クルーズ、花火大会観覧クルーズなどを実施しています
2 乗船料とビュッフェ・ドリンクがセットになったカジュアルプランが好評。船上結婚式を挙げるウエディングクルーズもあります

シーライン東京

シンフォニーで楽しむクルーズ

東京湾をクルージングしながら、豪華な食事を楽しむことができるシンフォニークルーズ。就航している船は「シンフォニークラシカ」と「シンフォニーモデルナ」の2隻です。ランチやディナークルーズは、レインボーブリッジ、東京ゲートブリッジを通り、ハート形を描くオリジナルの航路。ディナークルーズではスカイツリーやビル群の夜景を眺めながら、優雅なひと時が過ごせます。

御船印

豪華客船を思わせるインテリアの「モデルナ」

船と波を描いたスタンプは、美術に詳しい女性スタッフが考案

御船印情報
場所：クラシカ号、モデルナ号船内
時間：ランチクルーズ：11:50〜14:00　アフタヌーンクルーズ：15:00〜15:50
サンセットクルーズ：16:20〜18:20　ディナークルーズ：19:00〜21:30)
価格：500円　問い合わせ先：03-3798-8101
https://www.symphony-cruise.jp/

1 「クラシカ」のメインダイニング「コンチェルト」　**2** 「モデルナ」のメインダイニング「フォーシーズン」
3 プレミアム特選牛や季節ごとのコース料理が味わえます

SHIP SCENERY & CULTURE
モデルプラン **002**
東京湾1泊2日

東京湾をぐるりと一周
船の歴史と文化に触れる

東京・市場前・新習志野
東京テレポート
横浜
ピア赤レンガのりば
久里浜港
浜金谷港

このプランでは **7社7枚** 御船印

東京港からスタート。横浜港をクルーズ、列車で久里浜まで移動したら東京湾を横断して房総半島金谷に渡り、東京湾沿いに北上します。

Day 1

 9:00
東京駅（東京都千代田区）

JR京葉線
所要約10分
180円

 9:10頃
新木場駅（東京都江東区）

東京臨海高速鉄道りんかい線
約7分
280円

 9:40頃
東京テレポート駅（東京都江東区）

船の科学館前にはかつて日本初の南極観測船として活躍した「宗谷」が係留され、船内を見学できます

船の科学館
▶P.130
「東京テレポート駅」から徒歩約15分
10:00～17:00
※「宗谷」の乗船は16:30まで
毎週月曜日休館
（祝日の場合は火曜日）
入館料無料

 GET 御船印
初代南極観測船"宗谷"入口で販売

徒歩
約2分

 11:00
東京国際クルーズターミナル駅（東京都江東区）

ゆりかもめ
所要約12分
330円

 11:15
市場前駅

タイミングが合えば練習船が停泊しているかも

独立行政法人 海技教育機構（JMETS）
▶P.130
市場前駅から都営バスと徒歩で約20分
晴海埠頭周辺

イベント開催時のみ

 GET 御船印

練習船が寄港する際のイベント、JMETSが参加するイベントにて随時販売 ※イベントの時期や場所については不定期。HPなどで確認が必要です

海技教育機構の練習船では東京、神戸など全国の寄港地でイベントを開催。日時はホームページで告知

 12:30
晴海埠頭（東京都中央区）

都営バス
所要約15分

 12:45
築地三丁目（東京都中央区）

築地場外市場

築地場外市場には海産物を扱う店のほか、新鮮な魚介料理を味わえる食事処がいっぱい！

 14:00
東銀座駅（東京都中央区）

ここから神奈川県！

都営浅草線から泉岳寺駅乗り換え 京浜急行快速特急
約35分
570円

 14:40頃
横浜駅（横浜市中区）

徒歩
約2分

15:40

「ベイクォーター」2階シーバス待合所

 ポートサービス
15:40〜15:55頃

シーバスから見た横浜

シーバスZEROの御船印は横浜駅東口のりばにて購入

御船印 GET

シーバスの船窓からは「よこはまコスモワールド」の大観覧車や横浜ランドマークタワーなどが見えます

 15:55

ピア赤レンガ乗り場（横浜市中区）

赤レンガ倉庫

明治末期から大正初期に建設された赤レンガ倉庫。倉庫内にはカフェやグッズのショップが並んでいます

ケーエムシーコーポレーション

横浜ベイエリアの景観を海から眺めながら楽しめるクルーズプラン
・神奈川県横浜市中区新港1-1先

御船印 GET
ここにも御船印！

赤レンガ桟橋「リザーブドクルーズ」チケット窓口

 16:30

赤レンガ倉庫前

ここにも御船印！

海上保安協会（海上保安資料館横浜館）
・神奈川県横浜市中区新港1-2-1

『うみまるショップ横浜資料館店』で販売（10:30〜16:30）

御船印 GET

横浜市営バス桜木町駅前で乗り換え
横浜駅前下車
16:34〜17:14

17:30頃 横浜駅

京浜急行特急
所要約40分

18:10頃 京急久里浜駅（神奈川県横須賀市）

Day 2

7:35 京急久里浜駅

京急バス
7:35〜7:46 240円

8:20 久里浜港

ターミナルにはよこすか海軍カレーや三崎まぐろ関連のおみやげが買える売店とフードコートがあります

 海からの鋸山

東京湾フェリー
▶P.131
8:20〜9:00 900円

御船印 GET
船内売店にて購入

フェリーから見る鋸山には日本寺や地獄のぞき、石切り場跡などの見どころがあります

9:00頃 金谷港（千葉県富津市）

ここから千葉県！

徒歩約10分

金谷港では金谷沖で釣った黄金アジのフライが味わえます

10:12 浜金谷駅

JR内房線（君津駅で乗り換え）
10:12〜11:33

11:35 蘇我駅

JR京葉線
11:35〜11:52

11:52 新習志野駅

タクシーで船橋港へ所要約10分

船橋港には南極観測船「SHIRASE」が係留され、一般公開されています。ガイド付き船内ツアーも実施

SHIRASE5002
▶P.131 Webから要事前申し込み
500円（ベーシックコース）

御船印 GET
SHIRASE5002船内売店にて購入

15:00頃 新習志野駅

JR京葉線所要約40分

16:00頃 東京駅

129

船の科学館

⚓ 南極観測船「宗谷」を展示

「海と船の文化」をテーマに1974(昭和49)年に開館しました。屋外展示として初代南極観測船「宗谷」が係留されています。「宗谷」は1938(昭和13)年耐氷型貨物船として建造され、1956(昭和31)年からは日本初の南極観測船として6次にわたり、活躍しました。船内に入ることができ、船長室や操舵室などを見学できるほか、海の環境について学べるVR映像プログラムも体験できます。

「宗谷」は約2736t、全長約83m。1979(昭和54)年から保存展示されています

御船印

来館記念 船の科学館
初代南極観測船
宗谷
令和　年　月　日

氷海を進み、南極へ向かう「宗谷」をイメージしています。オリジナル御船印帳(右)もあり

御船印情報
場所:「宗谷」乗船口受付
時間:10:00〜16:30　価格:500円
問い合わせ先:03-5500-1111
https://funenokagakukan.or.jp/

1 操舵室には舵輪やエンジン、テレグラフなど、さまざまな操船・航海計器が配置されています 2 VR映像プログラム「VRブルー プラネット〜海からの警鐘〜」を公開しています 3 近くには客船が発着する東京国際クルーズターミナルがあります

海技教育機構

⚓ 帆船の一般公開を開催

独立行政法人海技教育機構(JMETS)は船員、水先案内人の養成を行う教育機構で、学科教育のほかに大型練習船による航海訓練を実施しています。現在、大型練習船は「日本丸」と「海王丸」の2隻の帆船を含む5隻。練習船では、年に数回、全国各地の港で一般公開を行っています。公開ではさまざまな設備を見学でき、デッキ上では実習生が海図や甲板機器の解説を行います。御船印の販売は広報ブース開設日のみ、日程はホームページに告知されます。

1989(平成元)年に建造された「海王丸」。「海の貴婦人」と称される、品位ある帆船です

御船印

「日本丸」と「海王丸」をあしらったデザイン。寄港地で広報ブース開設日のみの販売です

写真提供:独立行政法人 海技教育機構
御船印情報
場所:練習船寄港地の広報ブース
時間:広報ブース開設の時間内　価格:500円
問い合わせ先:045-211-7301
https://www.jmets.ac.jp/goods/senincho.html

1 「日本丸」。1984(昭和59)年の建造。日本が保有した練習帆船の中では最大です 2 舵輪。帆船では帆走中は帆の状態を見ながら舵を取るため、船の後方にあります 3 甲板ではウィンチ(巻き上げ機)などの機器が見学できます

東京湾フェリー

⚓ 東京湾からの眺望がすばらしい

　三浦半島の久里浜港と房総の金谷港を40分間で結んでいます。運航する「しらはま丸」と「かなや丸」はどちらも3000t以上の大型船。浦賀水道の船上では、富士山や伊豆半島を遠望でき、また豪華客船が横浜に入港する際には、その姿を至近距離で見ることもできます。各フェリーターミナルには名物を味わえるレストランやみやげ物店が揃い、船を待つ時間も退屈しません。

3351t、全長79.1m。旅客定員680名の「しらはま丸」

御船印

社外デザイナーがデザインした、船体が描かれた御船印

御船印情報
場所：しらはま丸・かなや丸両船の売店
時間：航行中　価格：300円
問い合わせ先：046-830-5622
http://www.tokyowanferry.com/

1 夕刻に運航するフェリーの船上からは、きれいな夕日が望めます　**2** 「しらはま丸」で販売している地元食材を使った「黒船ペルリ弁当」　**3** クジラの肉を使った「黒船くじらコロッケ」

SHIRASE5002

⚓ 南極渡航回数最大の観測船

　「SHIRASE」は1983(昭和58)年から2008(平成20)年にかけて日本と南極の間を25往復した南極観測船です。退役後、株式会社ウェザーニューズが「環境のシンボルとして」活用することを提案し、保存が決定。船橋港に係留され公開しています。見学には事前の申し込みが必要でガイド付き、ガイドなしが選べます。年3回(5月、7月、10月頃)は環境をテーマにしたイベントを開催しています。

船底の形状は氷海上を航海しやすくするため、すり鉢状になっています

御船印

元南極観測船として活躍していた現役当時をイメージするデザインです。オリジナルの御船印帳もあり

御船印情報
場所：SHIRASE5002船内売店
時間：HPで確認　価格：500円
問い合わせ先：090-7635-5002
https://shirase.info/

1 晴海港から曳航される「SHIRASE」。タグボートに引かれて移動します　**2** 現役時代は3万馬力のエンジンと3軸のスクリューによって厚さ1.5mの氷を砕き、時速3ノットで連続航行することが可能でした　**3** イベント開催時には多くの人でにぎわいます

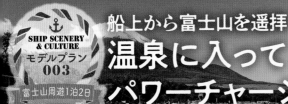

船上から富士山を遥拝
温泉に入って
パワーチャージ

バスタ新宿
河口湖駅
御殿場駅
桃源台港
元箱根港
熱海港
初島

このプランでは **6社7枚**

湖上や海上から仰ぎ見る富士山は雄大そのもの。箱根では温泉につかり1泊、魚介グルメを味わい、離島にも渡る変化に富んだプランです。

Day 1

7:45

ここから山梨県！

9:00

バスタ新宿
（東京都新宿区）

京王バス
新宿〜富士五湖線
7:00〜9:15
2200円

河口湖駅
（山梨県富士河口湖町）

河口湖遊覧船まで徒歩約15分

富士五湖汽船
▶P.134
河口湖遊覧　1000円
9:30から30分間隔で運航
所要約20分
※運航時間は変わることがあります。
HPで確認してください

GET 御船印
船内にて購入

カチカチ山ロープウェイ

昔話"カチカチ山"の舞台とされる天上山。ロープウェイで登れば目の前に富士山の大パノラマが広がります

10:40

11:09

河口湖駅

富士急バス
10:40〜11:09
890円

山中湖旭日丘
（山梨県山中湖村）

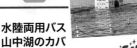

**水陸両用バス
山中湖のカバ**
▶P.134
11:30〜　旭日丘バスターミナルから徒歩約1分　2300円
所要約30分　※運航時間は季節によって変わります。
HPで確認してください

GET 御船印
KABAバスチケット売り場にて購入

水陸両用車カバ、または白鳥の湖号で山中湖遊覧。湖畔の旭日丘緑地公園は遊歩道沿いにモミジが茂る紅葉の名所です

富士汽船
▶P.135
11:30〜
※旭日丘バスターミナルから徒歩約1分
1100円　所要約25分

GET 御船印
チケット売り場にて購入

山中湖文学の森公園

14:08

16:50

ここから神奈川県！

17:25

山中湖旭日丘

山中湖文学の森公園には三島由紀夫文学館、徳富蘇峰館をはじめ、歌碑や句碑などがあります

富士急バス
御殿場アウトレット行き
14:08〜14:55
1130円

御殿場駅

小田急ハイウェイバス
新宿—箱根線
16:50〜17:25
1080円

箱根桃源台

芦ノ湖

Day 2

9:30 桃源台港（神奈川県箱根町）

箱根海賊船
▶P.136
箱根海賊船で芦ノ湖を横断
9:30〜10:10 ※運航時間は季節によって異なります。
HPで確認してください
1200円（特別船室は800円プラス）

GET 御船印

大涌谷周辺の噴火でできた芦ノ湖。湖畔には関東総鎮守、開運の御利益がある箱根神社が鎮座しています

10:50 元箱根港（神奈川県箱根町）

箱根遊船
▶P.136
芦ノ湖遊覧船で元箱根から箱根関所跡を経て箱根関所跡まで
10:50〜11:20
1880円

GET

芦ノ湖遊覧船元箱根港で購入

12:01 元箱根港

関所

徳川幕府が東海道に設け、旅人の素性や旅の目的を取り調べた箱根関所。江戸後期の建物を復元しています

12:05 箱根関所跡（神奈川県箱根町）

伊豆箱根バス
熱海行き
12:05〜13:02
1290円

ここから静岡県！

13:02 熱海駅（静岡県熱海市）

相模湾で取れた新鮮な魚介類をたっぷり使った漁師丼が好評です

路線バス
約15分

14:00 熱海港（静岡県熱海市）

富士急マリンリゾート
▶P.135
高速船で約30分
14:00〜14:30頃
2800円（往復）

GET 御船印

熱海港売店で購入

14:30頃 初島（静岡県熱海市）

船とカモメ

初島観光

11月中旬〜3月中旬頃にはユリカモメが飛来。乗客からお菓子などの餌をもらおうと船を追ってきます

初島食堂街

島の湯

港に隣接して漁師が営む食事処が並ぶ食堂街があります。海岸線ギリギリの露天風呂「島の湯」もあります
※食堂街は15:00頃までの営業

17:50 初島

富士急マリンリゾート
▶P.135
17:50〜18:20頃

19:05 熱海駅

JR東海道新幹線
ひかり516号
19:05〜19:42

19:42 東京駅

富士五湖汽船

⚓ 河口湖を走る純和風の遊覧船

「天晴」と名づけられた遊覧船は、戦国時代に甲州の武田軍に属していた水軍の安宅船をモチーフにデザインされています。1階客室には白木を使い、畳の大広間をイメージさせる造りです。大型モニターには四季折々の富士山の風景や観光情報が映し出されます。船内では記念撮影に利用してほしいと「風林火山」と書かれた軍扇や陣羽織の貸し出しを行っています。

「天晴」は全長23.5m。定員120名、10ノット(時速約19km)で巡航します

御船印

乗船記念 河口湖遊覧船 天晴 令和　年　月　日

武田信玄の家紋を中央に押し、力強い書体で船名を配しています

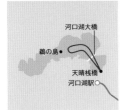

河口湖大橋
鵜の島
天晴桟橋
河口湖駅

御船印情報
場所：船津浜乗船場
時間：9:00〜16:30、夏季・GW〜17:30、冬季〜16:00　価格：500円
問い合わせ先：0555-72-0029
https://www.fujigokokisen.jp/

1 "武田菱"があしらわれた展望デッキ。晴れた日は雄大な富士山の絶景や360度のパノラマビューが楽しめます　**2** おみくじ付きボールペン、文具セット、クリアファイルなどの記念グッズ

水陸両用バス 山中湖のカバ

⚓ 陸と湖上から富士山を眺める

陸上と水中の両方で生活するカバにちなんで名づけられました。日本ではまだ珍しい水陸両用バスで山中湖を遊覧します。山中湖村平野にある「森の駅」からスタートしたバスは陸上を走り、そのまま山中湖にダイブ。ここからは遊覧船として湖を航行します。窓と天井は透明なビニール製、開放感にあふれ、富士山と湖の360度の大パノラマが展開。わくわく感にあふれた非日常体験が楽しめます。

車体は工業デザイナー水戸岡鋭治氏によるユニークなデザインです

御船印

乗船記念 山中湖

イメージカラーの黄色・青色に富士山、ちびカバちゃん、山中湖をデザイン

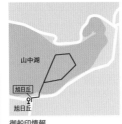

山中湖
旭日丘
旭日丘

御船印情報
場所：森の駅旭ヶ丘2F　KABAバスチケット売り場
時間：9:00〜15:00(季節変動あり)
価格：500円
問い合わせ先：090-6160-4696(KABAバス窓口)
http://www.kaba-bus.com/yamanakako/

1 スタッフの掛け声とともに水しぶきを上げて湖にダイブ。車体の後方に装備された船舶用スクリューで航行します　**2** 座席は黄色地にカバのイラストがデザインされています　**3** 近くにはFUJIYAMA KITCHENがあり、富士山麓の食材を使ったグルメが味わえます

富士汽船

美しい遊覧船「白鳥の湖」号で富士の絶景を眺めながらの湖上クルージング

1 定員80名、18tの「ニューわかふじ」も就航。展望デッキもあります **2** 旭日丘桟橋ショップではハンカチやノート、ポストカードを販売

🚢 山中湖を進む優雅な遊覧船

富士山の麓の湖に「日本一美しい白鳥を浮かばせよう」をコンセプトに設計されました。デザインは九州新幹線「つばめ」を手掛けた水戸岡鋭治氏。船内はナラ材の木目を生かし、柔らかな曲線を基調としたあたたかみのあるデザインです。双眼鏡やハンドル付きで船長気分が楽しめる子供展望室はファミリーに好評です。ペットはケージに入れて乗船でき、リードをつければ展望デッキで乗船できます。

御船印

富士山と白鳥の湖号の船体をデザインした印を中央に押印。

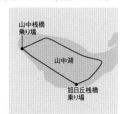

御船印情報
場所：旭日丘桟橋、山中桟橋
時間：9:30～17:00（12月～2月9:30～16:00）　価格：500円
問い合わせ先：0555-62-0130
https://www.yamanakako-yuransen.jp/

富士急マリンリゾート

海風が爽快な展望デッキは見晴らし抜群

🚢 海風が爽快な高速船の船旅

「イルドバカンス3世号」と「イルドバカンスプレミア」の2隻が熱海と初島を結びます。「イルドバカンス3世号」には客室前方に12席の特別室があり、近づいてくる初島を正面から眺められます。「イルドバカンスプレミア」は船内を木目調で統一。海向きのペアシートやグループ向けのボックスシート、エレベーターを完備しています。どちらも展望デッキから富士山を見ながらのクルージングが楽しめます。

御船印

富士山や熱海温泉街を眺めながらの航行とリゾート感あふれる島をイメージ

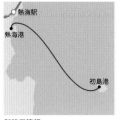

御船印情報
場所：熱海港船客待合所
時間：7:30～17:20（※運航ダイヤにより変更となる場合があります。）
価格：500円　問い合わせ先：0557-81-0541
https://www.hatsushima.jp/

1 最大870名収容の「イルドバカンス3世号」
2 「イルドバカンスプレミア」のデッキからの展望。夕刻になると熱海の夜景は、宝石のような輝きを見せてくれます
3 富士の雪景色を背景に、初島に停泊する「イルドバカンスプレミア」

箱根海賊船

⚓ 湖に浮かぶ鮮やかな遊覧船

芦ノ湖に浮かぶ色鮮やかな遊覧船として観光客におなじみです。船は桃源台港から箱根町港・元箱根港を約25分から40分で結んでいます。船の前方に位置する特別船室を利用すれば、専用デッキもあり、ゆったりとした船旅が楽しめます。また、船内のおすすめはオリジナルブレンドのコーヒーと「箱根チーズテラス」の「チーズケーキ」。スイーツとともに雄大な景色を眺めるひとときが過ごせます。

「クイーン芦ノ湖」は"心ときめくクルーズ"がコンセプト。船内も優雅なデザイン

御船印

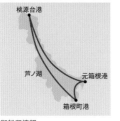

桃源台港

芦ノ湖

元箱根港

箱根町港

御船印情報
場所：桃源台港、箱根町港、元箱根港
時間：運航時間に準ずる　価格：500円
問い合わせ先：0460-83-6325
https://www.hakonenavi.jp/
hakone-kankosen/

地元で活動されるイラストレーターの「たなかきょおこ」さんによる書下ろしイラスト

1「ロワイヤルⅡ」は18世紀にフランスで建造され、フランス艦隊の旗艦として活躍した第一級戦艦「ロワイヤル・ルイ」がモデル　**2**「ビクトリー」は18世紀にイギリスで建造され、数々の歴史的な海戦で活躍した戦艦がモデルです　**3** 特別船室は枚数販売限定の船室です（写真はクイーン芦ノ湖）

箱根遊船

⚓ 芦ノ湖に浮かぶ湖上公園「SORAKAZE」

遊覧船のコースは、箱根関所跡から元箱根・箱根園港へ、元箱根港から箱根園港へ、箱根園港から箱根関所跡・元箱根港を周遊する40分コースです。2024（令和6）年2月からは「箱根・芦ノ湖に浮かぶ緑の公園」をコンセプトにした「SORAKAZE」が運航を開始。天然芝を敷きつめた屋外デッキ、天然のツタをはわせた船尾など環境に調和する緑化デザインが特徴です。

優れた安定性の双胴船。広い窓や展望デッキからは雄大な風景が望めます

御船印

芦ノ湖

箱根園港

元箱根港

箱根関所跡港

御船印情報
場所：関所跡港、元箱根港、箱根園港
時間：9:00〜16:30　価格：500円
問い合わせ先：0460-83-6351
https://www.hakone-yuransen.jp/

芦ノ湖の名所、富士山と九頭龍神社の鳥居を背景にしたシンプルな印です

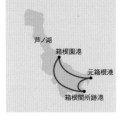

1「SORAKAZE」の船体外側には、水引風オブジェがあり、和の装いと富士山や芦ノ湖と調和したデザインです。九頭龍神社月次祭の参拝船として運航　**2** 晴れた日は屋外デッキでさわやかな時間を　**3** 緑の芦ノ湖をめぐる「十国丸」

SHIP SCENERY & CULTURE
モデルプラン
004

北海道・東北2泊3日

グルメを楽しむ
北国の船旅

このプランでは **4社4枚** 御船印 GET

東北から北海道に渡り、再び東北へ。新鮮な海の幸や郷土料理をはじめ北の味覚をたっぷり堪能。夜は客室が整ったフェリーでゆっくり休めます。

苫小牧西港
青森
八戸
一ノ関　気仙沼
仙台港

Day 1

7:56
東京駅（東京都千代田区）

JR東北新幹線
はやぶさ103号
7:56〜
10:11
1万3280円

10:17
一ノ関駅（岩手県一関市）

JR大船渡線
10:17〜
11:45
1170円

11:45
気仙沼駅（宮城県気仙沼市）

ここから宮城県！

ないわん

写真提供：宮城県観光プロモーション推進室

ないわんは飲食店、物産販売店などの4施設で構成され、地元食材のグルメやここでしか買えない名産品を販売

大島汽船
▶P.139
気仙沼ベイクルーズ遊覧船
気仙沼発13:30
（所要約50分）
1600円

GET 御船印
船内にて購入

気仙沼大島大橋

写真提供：宮城県観光プロモーション推進室

本州と気仙沼大島を結ぶ気仙沼大島大橋は全長356mの全国でも珍しい大型のアーチ橋です

14:30頃
PIER7（ピアセブン）

写真提供：宮城県観光プロモーション推進室

気仙沼港はカツオ、サンマ、メカジキ、サメの水揚げ量が全国屈指。魚市場では水揚げの様子が見学できます

気仙沼魚市場

写真提供：宮城県観光プロモーション推進室

16:15
気仙沼駅

JR大船渡線
16:15〜
17:38
1170円

17:48
一ノ関駅

JR東北新幹線
はやぶさ112号
17:48〜
18:20
3990円

18:20
仙台駅（宮城県仙台市）

ここから宮城県！

タクシー
所要時間
30〜40分
※シャトルバスもあり

19:40
仙台港フェリーターミナル（宮城県仙台市）

仙台港フェリーターミナル

仙台港からは苫小牧港へ毎日、名古屋港へは隔日でフェリーが発着。2階に売店、待合室があります

Day 2 — 11:00 ここから北海道!

道の駅ウトナイ湖は国道36号に面し、ウトナイ湖を一望できる展望台があります

道の駅ウトナイ湖

太平洋フェリー
▶P.140
19:40〜11:00
9500円(2等・C寝台)〜
(船舶、時期によって変わります。HPなどで確認してください)
船内にて購入
GET 御船印

苫小牧フェリーターミナル

レンタカー
苫小牧周辺を観光!

ウトナイ湖

ウトナイ湖は周囲9kmの淡水湖。野鳥の楽園ともいわれ、270種を超える鳥類が確認されています

樽前山

苫小牧フェリーターミナル — 21:15

シルバーフェリー
21:15〜4:45
5600円(2等)
船内案内所にて購入
GET 御船印

支笏湖の南東に位置する活火山、樽前山。7合目まで車で行け、ここから頂上へは徒歩約50分

Day 3 — 5:40 ここから青森県!

八戸フェリーターミナル

連絡バス
5:40〜5:55

本八戸駅(青森県八戸市) — 6:13

JR八戸線
(うみねこレール)
6:13〜6:26

鮫駅(青森県八戸市) — 6:26

蕪島神社

徒歩約15分

弁財天を祀り、商売繁盛、漁業安全の守り神として信仰を集める蕪島神社は、ウミネコの繁殖地としても有名

鮫駅 — 8:32

JR八戸線
(うみねこレール)
8:32〜8:55

八戸市内散策

八食センターは八戸港で水揚げされた魚介類が並ぶ巨大市場。八戸を代表する名物せんべい汁も味わえます

八戸駅 — 11:04

青い森鉄道
11:04〜12:37

青い森鉄道

青森駅(青森県青森市) — 12:37

徒歩約5分

青函連絡船八甲田丸
▶P.139
14:00〜15:00
受付(チケットカウンター)にて購入
GET 御船印

青森駅と目時駅間を結ぶ青い森鉄道は第三セクター。途中、陸奥湾沿いを走り、海の風景が開けます

青森駅 — 15:09

JR奥羽本線
15:09〜15:14

新青森駅 — 15:52

JR東北新幹線
はやぶさ34号
15:52〜19:04

東京駅 — 19:04

大島汽船

気仙沼大島大橋をくぐり、大島瀬戸を進む「ファンタジー(152t)」

⚓ ウミネコと一緒に気仙沼周遊

　気仙沼ベイクルーズを運航しています。クルーズは所要約50分。気仙沼大島大橋の下をくぐり、唐桑側の湾をめぐります。船窓から眺めるのは緑の真珠とも呼ばれる離島〝大島〟やリアス海岸の素晴らしい景観です。出航するとウミネコが船を追いかけ、船上からの餌やりも楽しめます。気仙沼在住のデザイナーがデザインしたオリジナルTシャツやトートバッグなどのグッズも販売しています。

御船印

遊覧船、気仙沼湾横断橋と気仙沼大島大橋をモチーフにしたシンプルなデザイン

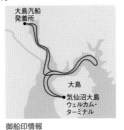

御船印情報
場所：船内
時間：周遊時間
価格：300円
問い合わせ先：0226-23-3315
http://oshimakisen.com/

1 青い海に真っ赤な船体が映える「やしま丸」(19t) **2** クルージングのもうひとつの楽しみはウミネコへの餌やり。船内で販売しているスナック菓子をまくと上手にキャッチします **3** 夜景100選にも選ばれている安波山(あんばさん)からの夜景

青函連絡船　八甲田丸

「八甲田丸」は全長132m。現役23年7ヵ月間と青函連絡船のなかで最長です

⚓ 青函連絡船を代表する船舶

　八甲田丸が連絡船として就航したのは1964(昭和39)年です。船舶は安全性の向上、遠隔操作の採用、自動化に取り組むなど、当時としては世界最高レベルの技術を駆使して造船されました。1988(昭和63)年、連絡船すべての運航が終了するまで活躍し、2年後に保存が決定、一般公開しています。事前予約でボランティアによる船内ガイドを依頼でき、興味深い話を聞くことができます。

御船印

青函鉄道連絡船就航当時の象徴であった貨車輸送の様子がデザインされています

御船印情報
場所：八甲田丸2階グッズ販売コーナー
時間：開館時間内
価格：550円　問い合わせ先：017-735-8150
https://aomori-hakkoudamaru.com/

1 船内には当時のままのスペースがあり、1階の貨物車両を搭載するスペースには郵便車両や気動車など9両を展示しています **2** 4階には操舵室、無線通信室があり、舵や通信機器に触れることができます **3** 年数回、子供や鉄道ファン向けのイベントを開催しています

「いしかり」。洋室・和室が揃い、バリアフリー対応洋室もあります

苫小牧へ、国内最大級のフェリー

　名古屋と仙台、仙台と苫小牧、名古屋と苫小牧を結ぶ3航路を運航しています。就航しているのは「きそ」「いしかり」「きたかみ」の3船です。うれしいのはどのフェリーも、ジャクージ付き展望大浴場を完備していること。入港の30分前まで入浴ができ、夕焼けや朝日を見ながらお風呂につかれます。食事は和洋中のバイキングスタイル、軽食コーナーの「賄いカレー（きそ・いしかりのみ）」も好評です。「きそ」「いしかり」にはシアターラウンジがあり、アーティストによるショー（不定期）や大型スクリーンでの映画上映を開催、「きたかみ」ではプロジェクションマッピングによるショーを行っています。3船とも客船並みの設備が整い、快適な船旅が楽しめます。

御船印

和のテイストを残しつつ、3船のテーマに沿った色やオブジェをモチーフにデザイン。3種類を揃えると太平洋の大海原を進む姿がイメージできます。

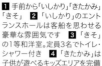

1 手前から「いしかり」「きたかみ」「きそ」　**2** 「いしかり」のエントランスホールは客船を思わせる豪華な雰囲気です　**3** 「きそ」の1等和洋室。定員3名でトイレ・シャワー付き　**4** 「きたかみ」は子供が遊べるキッズエリアを完備

御船印情報
場所：船内売店　時間：売店営業時間
価格：300円　問い合わせ先：050-3535-1163
https://www.taiheiyo-ferry.co.jp/

地図

紋別バスターミナル

遠軽　　網走港　　ウトロ温泉

SHIP SCENERY & CULTURE
モデルプラン 005
オホーツク海2泊3日

流氷のオホーツク海と
世界自然遺産の知床を満喫

GET 御船印

このプランでは
1〜3社1〜3枚

オホーツク海に突き出た知床半島は冬には流氷が押し寄せ、手つかずの大自然が残るエリア。温泉に宿泊して知床の魅力を体感しましょう。

Day 1

10:00頃
羽田空港（東京都大田区）

飛行機で約1時間45分

利用する時期によって発着時間は異なります

12:00頃
ここから北海道!
オホーツク紋別空港（北海道紋別市）

無料送迎バス約8分

12:33
海洋交流館

写真提供：紋別観光振興公社

オホーツク・ガリンコタワー
▶P.142

海洋交流館内チケットカウンターまたはガリンコ号Ⅲ船内で購入
※ガリンコ号の運航は期間限定。天候によって欠航することもあるため、運航状況はHPにてご確認ください

流氷の海を一望できます!

ガリンコ号で流氷観光へ

GET 御船印

アザラシシーパラダイスなど、館内には見どころたくさん!

写真提供：紋別観光振興公社

17:20
紋別バスターミナル

北紋バス・遠軽線
17:20〜
18:45
1330円

18:45
遠軽（北海道遠軽町）

Day 2

6:25
遠軽駅

JR石北本線
6:25〜
9:03
2860円

9:03
網走（北海道網走市）

知床エアポートライナー
10:12〜
11:58
2800円
※季節運航

11:58
ウトロ温泉バスターミナル（北海道斜里町）

ゴジラ岩

道東観光開発
ゴジラ岩観光

各観光船についてはP.142参照

GET 御船印

ウトロ港の近くにある高さ約15mのゴジラそっくりの奇岩です。岩の根元に温泉が湧く「ゴジラの手湯」もあります

オシンコシンの滝

19:00頃
ウトロ温泉

幅約30m、落差約80m。日本の滝100選のひとつ。滝の中ほどまで階段で登れ、迫力満点の姿を間近で観覧できます

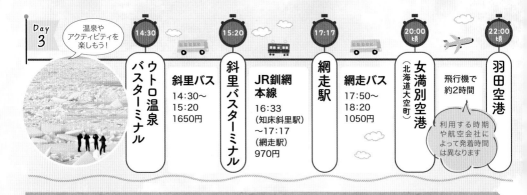

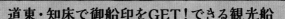

Day 3

温泉やアクティビティを楽しもう！

14:30 ウトロ温泉バスターミナル

斜里バス
14:30〜
15:20
1650円

15:20 斜里バスターミナル

JR釧網本線
16:33
（知床斜里駅）
〜17:17
（網走駅）
970円

17:17 網走駅

網走バス
17:50〜
18:20
1050円

20:00頃 女満別空港（北海道大空町）

飛行機で約2時間

利用する時期や航空会社によって発着時間は異なります

22:00頃 羽田空港

道東・知床で御船印をGET！できる観光船

■道東観光開発
知床観光船と網走流氷観光砕氷船「おーろら」を運航しています。
住所：北海道網走市南3条東4丁目5-1
問い合わせ先：0152-43-6000

■ゴジラ岩観光
「カムイワッカ」「カムイワッカ55号」「カムイワッカ88号」を運航。
住所：北海道目梨郡羅臼町本町30-2　問い合わせ先：0153-85-7575（8:00〜17:00）

※各社とも御船印は季節限定です。詳しくはホームページをご参照ください

オホーツク・ガリンコタワー

流氷の海を進む2隻の「ガリンコ号」

🚢 流氷を砕くクルーズは大迫力

オホーツクの大海原をクルーズします。なんといっても大迫力なのは流氷に埋め尽くされた厳冬期のクルーズです。「ガリンコ号」には流氷を砕くアルキメディアン・スクリューが搭載され、流氷をガリガリと砕き割って進んでいきます。その振動まで感じることができ、まさに「ガリンコ号」でしか体験できないクルージングが楽しめます。時には流氷の上に寝そべる野生のアザラシに出会うこともあります。

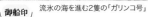

御船印

乗船記念
ガリンコ号Ⅲ
IMERU
令和　年　月　日

紋別市を代表するイラストレーター溝口マリウス氏によるイラストを採用しています

ガリンコ号の運航範囲（イメージ図）

ガリンコ号Ⅲ
IMERU
運航範囲

興部市

ガリンコ号Ⅱ
運航範囲

紋別市

湧別市

御船印情報
場所：海洋交流館チケットカウンター、ガリンコ号Ⅲ船内売店
時間：チケットカウンター／8:30〜17:30、船内売店／営業時間内
価格：300円　問い合わせ先：0158-24-8000
https://o-tower.co.jp/

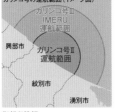

1 「ガリンコ号Ⅲ」。2021（令和3）年にデビューしました。早朝のサンライズと夕暮れを満喫するクルーズも開催　**2** 「ガリンコ号Ⅲ」の1階席はソファタイプ。海面に近いので流氷を間近に観察できます　**3** 「ガリンコ号Ⅲ」の2階席はバリアフリー対応。3階は展望席となっています

＼日本のよさを再発見！／
地球の歩き方 国内版シリーズ

船旅好きにおすすめ！

地球の歩き方
東京の島々

独自の文化や歴史に育まれた東京の島々を完全網羅した永久保存版。
島へ行く船には個性的な御船印もありますよ！

Secret of Success　ヒットの秘密

1979年創刊、海外旅行のバイブル「地球の歩き方」。
2020年に初の国内版「東京」を創刊。これまでの海外取
材で培った細かな取材力、その土地の歴史や文化、雑学な
どの情報を盛り込むことで、地元在住者に支持され大ヒッ
ト。次の新刊もお楽しみに！

地球の歩き方 御船印でめぐる船旅

⚓ STAFF

制作 ………… 松崎恵子・日隈理絵
編集・執筆 …… 吉田明代・馬渕徹至・山下将司
　　　　　　　[株式会社ワンダーランド　https://www.wonder-land.co.jp/]
　　　　　　　小川美千子
写真 ………… 宮地岩根、PIXTA、Photolibrary、小笠原村観光局
表紙デザイン … 又吉るみ子(メガスタジオ)
デザイン …… 又吉るみ子(メガスタジオ)、水野政幸・湯浅祐子・松永麻紀子[株式会社ワンダーランド]
イラスト……… よしざわけいこ
校正 ………… ひらたちやこ
マップ制作 …・ 齋藤直己(マップデザイン研究室)
編集協力 …… 一般社団法人　日本旅客船協会
　　　　　　　御船印めぐりプロジェクト事務局
　　　　　　　有限会社ディスクマイスター
　　　　　　　小林希(船旅アンバサダー)

2024年5月7日　初版第1刷発行

Published by Arukikata. Co.,Ltd.
2-11-8 Nishigotanda, Shinagawa-ku,
Tokyo,141-8425

著作編集　　地球の歩き方編集室
発行人　　　新井邦弘
編集人　　　由良暁世
発行所　　　株式会社地球の歩き方
　　　　　　〒141-8425　東京都品川区西五反田2-11-8
発売元　　　株式会社Gakken
　　　　　　〒141-8416　東京都品川区西五反田2-11-8
印刷製本　　ダイヤモンド・グラフィック社

本書の内容について、ご意見・ご感想はこちらまで

〒141-8425　東京都品川区西五反田2-11-8
株式会社地球の歩き方
地球の歩き方サービスデスク
「御船印でめぐる船旅」投稿係
URL ▶ https://www.arukikata.co.jp/guidebook/toukou.html
地球の歩き方ホームページ(海外・国内旅行の総合情報)
URL ▶ https://www.arukikata.co.jp/
ガイドブック『地球の歩き方』公式サイト
URL ▶ https://www.arukikata.co.jp/guidebook/

※本書は基本的に2024年3月の取材データに基づいて作られています。
　発行後に料金、営業時間、定休日などが変更になる場合がありますのでご了承ください。
　更新・訂正情報:https://www.arukikata.co.jp/travel-support/
※本書は2021年8月発行『御船印でめぐる全国の魅力的な船旅』を底本とし、情報を更新したものになります。

この本に関する各種お問い合わせ先
・本の内容については、下記サイトのお問い合わせフォームよりお願いします。
　URL ▶ https://www.arukikata.co.jp/guidebook/contact.html
・在庫については Tel 03-6431-1250(販売部)
・不良品(落丁、乱丁)については Tel 0570-000577
　学研業務センター 〒354-0045　埼玉県入間郡三芳町上富279-1
・上記以外のお問い合わせは Tel 0570-056-710(学研グループ総合案内)

学研グループの書籍・雑誌についての新刊情報・詳細情報は、下記をご覧ください。
学研出版サイト https://hon.gakken.jp/